AUSONIUS · MOSELLA

TUSCULUM STUDIENAUSGABEN

Wissenschaftliche Beratung:

Gerhard Fink, Manfred Fuhrmann, Rainer Nickel

D. MAGNUS AUSONIUS

MOSELLA

Lateinisch–deutsch

Herausgegeben, übersetzt und kommentiert
von Paul Dräger

ARTEMIS & WINKLER

Bibliographische Information der Deutschen Bibliothek
Die Deutsche Bibliothek verzeichnet diese Publikation
in der Deutschen Nationalbibliothek; detaillierte bibliographische Daten
sind im Internet unter http://dnb.ddb.de/ abrufbar.

© 2004 ppb-Ausgabe Patmos Verlag GmbH & Co. KG
Artemis & Winkler Verlag, Düsseldorf/Zürich
Alle Rechte vorbehalten.
Druck und Verarbeitung: Clausen & Bosse, Leck
ISBN 3-7608-1380-1
www.patmos.de

INHALT

TEXT UND ÜBERSETZUNG 6

ANHANG

Zur Textgestalt 51
Erläuterungen 53
Tabelle der Moselfische 81
Fischtechnopaignion 82
Flußkatalog 83
Einführung 85
Literaturhinweise 124

Transieram celerem nebuloso flumine Nava-m,
addita miratus veteri nova moenia Vinc-o,
aequavit Latias ubi quondam Gallia Canna-s
infletaeque iacent inopes super arva caterv-ae.

Unde iter ingrediens nemorosa per avia solum 5
et nulla humani spectans vestigia cultus
praetereo arentem sitientibus undique terris
Dumnissum riguasque perenni fonte Tabernas
arvaque Sauromatum nuper metata colonis;
et tandem primis Belgarum conspicor oris 10
Noiomagum, divi castra inclita Constantini.

Purior hic campis aër Phoebusque sereno
lumine purpureum reserat iam sudus Olympum
nec iam consertis per mutua vincula ramis
quaeritur exclusum viridi caligine caelum, 15
sed liquidum iubar et rutilam visentibus aethram
libera perspicui non invidet aura diei.
in speciem tum me patriae cultumque nitentis

Überquert hatte ich die schnelle Nava, während sie nebelreich
                                              dahinfloß,
nachdem ich die neuen Mauern bewundert, die um das alte Vincum
                                              gelegt waren,
wo einst Gallien dem latinischen Cannae gleichgekommen ist
und unbeweint die Scharen hilflos überall auf den Fluren liegen.

Indem ich von dort die einsame Reise durch waldreiches unwegsames
                                              Gelände beginne
und auf keine Spuren menschlichen Anbaues blicke,
gehe ich vorüber am trockenen Dumnissus – auch das Umland leidet
                                              Durst –
und an Tabernae, das von einer ganzjährig fließenden Quelle bewässert
                                              wird,
und an den Fluren der Sauromaten, die erst kürzlich Bauern
                                              zugemessen wurden,
und erblicke schließlich im vordersten Grenzgebiet der Belger
Noiomagus, die berühmte Festung des verewigten Constantinus.

Reiner ist hier auf den Feldern die Luft und Phoebus
entriegelt schon mit hellem Licht heiter den purpurschimmernden
                                              Olymp,
und nicht mehr braucht man, da sich die Zweige durch wechselseitige
                                              Fesseln miteinander verschlingen,
den durch grünes Dunkel verdrängten Himmel zu suchen,
sondern fließendes Licht und rötlichen Himmelsglanz neidet den
                                              Blicken
nicht der freie Luftstrom eines klaren Tages.
Hinein in die Schönheit und die Pracht meiner Vaterstadt, des strahlenden

Burdigalae blando pepulerunt omnia visu:
culmina villarum pendentibus edita ripis 20
et virides Baccho colles et amoena fluenta
subterlabentis tacito rumore Mosellae.

Salve, amnis laudate agris, laudate colonis,
dignata imperio debent cui moenia Belgae,
amnis odorifero iuga vitea consite Baccho, 25
consite gramineas, amnis viridissime, ripas!
naviger, ut pelagus, devexas pronus in undas,
ut fluvius, vitreoque lacus imitate profundo,
et rivos trepido potes aequiperare meatu,
et liquido gelidos fontes praecellere potu: 30
omnia solus habes, quae fons, quae rivus et amnis
et lacus et bivio refluus munimine pontus.
tu placidis praelapsus aquis nec murmura venti
ulla nec occulti pateris luctamina saxi.
non spirante vado rapidos properare meatus 35
cogeris, extantes medio non aequore terras
interceptus habes, iusti ne demat honorem
nominis, exclusum si dividat insula flumen.
tu duplices sortite vias, et cum amne secundo
defluis, ut celeres feriant vada concita remi, 40
et cum per ripas nusquam cessante remulco

Burdigala, trieb mich damals alles durch einschmeichelnde Schau:
die Giebel der Landhäuser, die von überhängenden Ufern emporragten,
und die durch Bacchus grünen Hügel und die lieblichen Fluten
der unten mit leisem Rauschen dahingleitenden Mosella.

Sei gegrüßt, Strom, gelobt von den Äckern, gelobt von den Bauern,
dem die Belger die Stadt verdanken, die der Herrschaft gewürdigt
                                                                 wurde,
Strom, an den Rebenhöhen bewachsen von duftverbreitendem
                                                                           Bacchus,
bewachsen, tiefgrüner Strom, an den grasigen Ufern!
Schiffetragend wie ein Meer, mit Gefälle zu talab fließenden Wogen
wie ein Fluß, und an kristallklarer Tiefe Seen nachahmend,
kannst du sowohl Bächen in hüpfendem Lauf gleichkommen
als auch mit lauterem Trunk eiskalte Quellen übertreffen:
Alles hast du allein, was eine Quelle, was ein Bach und ein Strom
und ein See und das Meer haben, das durch einen Schutzdeich
                    zurückflutet, der in zwei Richtungen Durchlaß gewährt.
Du brauchst, indem du mit sanften Wassern vorübergleitest, weder
                                                            irgendwelches Getöse des Windes
noch das Ringen mit einem verborgenen Felsen zu bestehen.
Nicht wirst du an einer brandenden Untiefe den Lauf reißend zu
                                                                        beschleunigen
gezwungen, nicht hast du Landflächen, die mitten aus dem
                                                            Wasserspiegel herausragen,
und bist dadurch unterbrochen, damit es dir nicht die Ehre einer
                                                                      rechtmäßigen
Benennung nimmt, falls eine Insel den Fluß abdrängen und so teilen
                                                                            sollte.
Du, der du vom Schicksal doppelte Wege erlangt hast, sowohl wenn
                                                                       du stromabwärts
fließt, so daß schnell die Ruder die aufgewirbelten Wogen schlagen,
als auch, wenn an den Ufern, ohne daß irgendwo das Schleppseil
                                                                          nachläßt,

intendunt collo malorum vincula nautae,
ipse tuos quotiens miraris in amne recursus
legitimosque putas prope segnius ire meatus!
tu neque limigenis ripam praetexeris ulvis   45
nec piger inmundo perfundis litora caeno:
sicca in primores pergunt vestigia lymphas.

I nunc et Phrygiis sola levia consere crustis
tendens marmoreum laqueata per atria campum.
ast ego despectis, quae census opesque dederunt,   50
naturae mirabor opus, non cura nepotum
laetaque iacturis ubi luxuriatur egestas.
hic solidae sternunt umentia litora harenae
nec retinent memores vestigia pressa figuras.

Spectaris vitreo per levia terga profundo,   55
secreti nihil amnis habens; utque almus aperto
panditur intuitu liquidis obtutibus aër
nec placidi prohibent oculos per inania venti,
sic demersa procul durante per intima visu
cernimus arcanique patet penetrale profundi,   60
cum vada lene meant liquidarum et lapsus aquarum
prodit caerulea dispersas luce figuras,
quod sulcata levi crispatur harena meatu,

die Schiffer mit dem Hals die Fesseln der Masten spannen,
wie oft wunderst du dich selbst über deine Gegenströmung im Fluß
und glaubst, daß beinahe gesetzmäßig der Lauf säumiger vonstatten
                         geht!
Du wirst am Ufer weder von schlammentsprossenem Sumpfgras
                            umsäumt
noch übergießt du träge die Gestade mit unreinem Schlick:
Trocken setzen die Füße ihre Spur bis an das vorderste Wasser.

Geh jetzt und überzieh den Erdboden glatt mit phrygischen Platten,
indem du ein marmornes Feld in getäfelten Hallen ausdehnst!
Ich dagegen werde verächtlich auf das herabsehen, was Steuerklasse
                      und Reichtum geben,
und das Werk der Natur bewundern, wo nicht der Eifer der
                        verschwenderischen Neffen
und, froh über Verluste, die Bedürftigkeit schwelgt.
Hier bedeckt fester Sand die feuchten Gestade
und nicht halten die eingedrückten Fußspuren ihre Formen bleibend
                            fest.

Du wirst durch deinen glatten Rücken hindurch in deiner
                   kristallklaren Tiefe erschaut,
der du, Strom, nichts Abgesondertes hast; und wie sich die
                       lebenspendende Luft
bei offener Sicht dem klaren Sehen erschließt
und sanfte Winde nicht die Augen hindern, durch den leeren Raum zu
                           schweifen,
so erkennen wir, was fern da unten versenkt ist, wenn der Blick im
                       Innersten haftet,
und das Undurchdringliche der geheimnisvollen Tiefe tut sich auf,
wenn die Fluten gelinde dahinziehen und das Gleiten des lauteren
                          Wassers
Bilder preisgibt, hingestreut im himmelfarbenen Licht:
wie der Sand durch die leichte Strömung gefurcht und gekräuselt wird,

inclinata tremunt viridi quod gramina fundo;
usque sub ingenuis agitatae fontibus herbae   65
vibrantes patiuntur aquas lucetque latetque
calculus et viridem distinguit glarea muscum.
tota Caledoniis talis pictura Britannis,
cum virides algas et rubra corallia nudat
aestus et albentes concharum germina bacas,   70
delicias hominum, locupletibus atque sub undis
adsimulant nostros imitata monilia cultus;
haud aliter placidae subter vada laeta Mosellae
detegit admixtos non concolor herba lapillos.

Intentos tamen usque oculos errore fatigant   75
interludentes, examina lubrica, pisces.
sed neque tot species obliquatosque natatus
quaeque per adversum succedunt agmina flumen,
nominaque et cunctos numerosae stirpis alumnos
edere fas aut ille sinit, cui cura secundae   80
sortis et aequorei cessit tutela tridentis.

Tu mihi flumineis habitatrix Nais in oris
squamigeri gregis ede choros liquidoque sub alveo
dissere caeruleo fluitantes amne catervas.

Squameus herbosas capito inter lucet harenas,   85
viscere praetenero fartim congestus aristis
nec duraturus post bina trihoria mensis;
purpureisque salar stellatus tergora guttis
et nullo spinae nociturus acumine rhedo

wie sich auf dem grünen Grund die Gräser biegen und erzittern;
in einem fort müssen die Kräuter, hin und her getrieben unter dem
                                   natürlichen Quellstrom,
das Wogen des Wassers erdulden, und es schimmert auf und schwindet
                                                                            wieder
ein Steinchen, und ein Kiesel hebt sich ab vom grünen Moos.
Ganz solcherart ist das Bild für die caledonischen Britannier,
wenn die Flut grüne Algen und rote Korallen freigibt
und weiße Perlen, Sprossen der Muscheln,
Ergötzen der Menschen, und ‹wenn› unter den reichen Wogen
Halsbänder unseren Schmuck nachahmend vortäuschen;
nicht anders verrät unter den heiteren Fluten der sanften Mosella
ein nicht gleichfarbiges Kraut die beigemengten Steinchen.

Doch den in einem fort angespannten Augen lassen keine Ruhe durch
                                                         ihr Gewimmel
die miteinander spielenden Fische, glitschige Schwärme.
Aber nicht so viele Arten und das Kreuz- und Querschwimmen
und die Trupps, die flußaufwärts rücken,
und ihre Namen und alle Ziehkinder des zahlreichen Stammes
zu verkünden ist erlaubt, und nicht läßt es jener zu, dem die Sorge um
                                                                   das zweite
Los und die Obhut über den Dreizack des Meeres zugefallen ist.

Du, Bewohnerin der Flußküsten, Naiade, verkünde mir
die Reigen der schuppentragenden Herde und erkläre die unten am
                                                          klaren Flußbett
im himmelfarbenen Strom hinflutenden Scharen!

Schuppig leuchtet zwischen dem kräuterreichen Sand der Döbel,
der in seinem zarten Fleisch dicht mit Gräten vollgestopft ist,
aber sich nicht nach zweimal drei Stunden für die Tafel halten wird;
und die Bachforelle, mit purpurnen Flecken am Rücken gesprenkelt,
und, ohne daß es mit der Spitze einer Gräte schaden wird, das Neunauge,

effugiensque oculos celeri levis umbra natatu. 90
tuque per obliqui fauces vexate Saravi,
qua bis terna fremunt scopulosis ostia pilis,
cum defluxisti famae maioris in amnem,
liberior laxos exerces, barbe, natatus:
tu melior peiore aevo, tibi contigit omni 95
spirantum ex numero non inlaudata senectus.
nec te puniceo rutilantem viscere, salmo,
transierim, latae cuius vaga verbera caudae
gurgite de medio summas referuntur in undas,
occultus placido cum proditur aequore pulsus. 100
tu loricato squamosus pectore, frontem
lubricus et dubiae facturus fercula cenae,
tempora longarum fers incorrupte morarum,
praesignis maculis capitis, cui prodiga nutat
alvus opimatoque fluens abdomine venter. 105
quaeque per Illyricum, per stagna binominis Histri
spumarum indiciis caperis, mustela, natantum,
in nostrum subvecta fretum, ne lata Mosellae
flumina tam celebri defraudarentur alumno.
quis te naturae pinxit color! atra superne 110
puncta notant tergum, qua lutea circuit iris;
lubrica caeruleus perducit tergora fucus;
corporis ad medium fartim pinguescis, at illinc
usque sub extremam squalet cutis arida caudam.

und sie, die den Augen in schnellem Schwimmen entflieht, die flinke
                                                                Äsche.
Und du, durch die Schluchten des sich hin und her schlängelnden
                                        Saravus hindurchgequält,
wo zweimal drei Mündungen an felsigen Pfeilern brausen,
sobald du hinabgeglitten bist in den Strom von größerem Ruf,
übst du freier, Barbe, lockere Schwimmbewegungen aus:
Du bist besser in schlimmerer Lebenszeit, dir wurde aus der ganzen
Zahl dessen, was atmet, ein nicht unrühmliches Alter zuteil.
Und nicht möchte ich dich, rötlich von purpurnem Fleisch, Lachs,
übergehen, bei dem die unsteten Schläge des breiten Schwanzes
mitten aus der Tiefe bis hoch an den Wasserspiegel hinaufgetragen
                                                                werden,
wenn der verborgen geführte Stoß sich auf ruhiger Fläche verrät.
Du, schuppenreich an der gepanzerten Brust, an der Stirn
glitschig, der du den Gang eines Essens bilden wirst, bei dem man
                                        zweifelt, was man wählen soll,
erträgst lange Wartezeiten, ohne zu verderben,
ausgezeichnet durch Flecken des Kopfes, ⟨du,⟩ dem üppig schwappt
der Bauch und der Magen, der mit dem angemästeten Wanst hin und
                                                        her wabbelt.
Und die du in Illyricum in den stehenden Wassern des zweinamigen
                                                                Hister
durch Anzeichen schwimmenden Schaums gefangen wirst,
                                                                Quappe,
in unser Gewässer stromaufwärts geführt, damit nicht der Mosella
                                                                breite
Fluten um einen so gefeierten Zögling betrogen werden.
Welche Farbe der Natur hat dich gemalt? Schwarze Punkte zeichnen
                                                                oben
deinen Rücken, wo goldgelbe Iris herum läuft;
den glitschigen Rücken überzieht eine himmelfarbene Tönung;
bis zur Mitte des Leibes wirst du strotzend fett, aber von dort
bis zum äußersten Schwanzende starrt deine Haut trocken.

Nec te, delicias mensarum, perca, silebo, 115
amnigenos inter pisces dignande marinis,
solus puniceis facilis contendere mullis;
nam neque gustus iners solidoque in corpore partes
segmentis coeunt, sed dissociantur aristis.
hic etiam Latio risus praenomine, cultor 120
stagnorum, querulis vis infestissima ranis,
lucius, obscuras ulva caenoque lacunas
obsidet. hic nullos mensarum lectus ad usus
fervet fumosis olido nidore popinis.
quis non et virides, vulgi solacia, tincas 125
norit et alburnos, praedam puerilibus hamis,
stridentesque focis, obsonia plebis, alausas?
teque inter species geminas neutrumque et utrumque,
qui necdum salmo, nec iam salar ambiguusque
amborum medio, sario, intercepte sub aevo? 130
tu quoque flumineas inter memorande cohortes,
gobio, non maior geminis sine pollice palmis,
praepinguis, teres, ovipara congestior alvo
propexique iubas imitatus, gobio, barbi.

Nunc, pecus aequoreum, celebrabere, magne silure, 135
quem velut Actaeo perductum tergora olivo
amnicolam delphina reor; sic per freta magnum
laberis et longi vix corporis agmina solvis

Und nicht will ich dich, Ergötzen der Tische, Barsch, verschweigen,
der du unter den stromentsprossenen Fischen gleiche Würdigung wie
                      die ⟨Fische⟩ des Meeres verdienst,
allein imstande, mit den purpurnen Meerbarben in Wettstreit zu
                                                  treten;
denn nicht ist dein Geschmack fade, und im festen Leib
treten die Teile in Schichten zusammen, werden aber getrennt durch
                                                                Gräten.
Hier besetzt auch, verlacht wegen des lateinischen Vornamens, der
                                                              Bewohner
stehender Gewässer, mächtiger Erbfeind der klagenden Frösche,
der Hecht, Senken, die von Sumpfgras und Schlick dunkel sind;
hier siedet er, ohne für den Gebrauch an Tafeln ausgewählt zu werden,
in rauchigen Kneipen unter stinkendem Qualm.
Wer kennt nicht sowohl die grünen Schleien, Tröster der Masse,
als auch die Lauben, Beute für die Angelhaken von Knaben,
und die auf dem Herd zischen, Zukost des Volkes, die Maifische?
Und dich, zwischen zwei Arten sowohl keines als auch jedes von
                                                               beiden,
die du, noch nicht Lachs und nicht mehr Bachforelle und beim
                                                               Wechsel
zwischen beiden, gerade mitten in der Lebenszeit, Meerforelle,
                                                               gefangen wirst?
Auch du verdienst unter den Heeren des Flusses erwähnt zu werden,
Gründling, nicht größer als doppelte Handbreite ohne die Daumen,
sehr fett, länglichrund, noch dicker, wenn dein Bauch Rogen erzeugt,
der du, Gründling, die Mähne der schnauzbärtigen Barbe nachahmst.

Jetzt, Meertier, sollst du gepriesen werden, großer Stör,
den ich, da du am Rücken wie mit actäischem Öl überzogen bist,
für einen strombewohnenden Delphin halte: So gewaltig durch die
                                                               Fluten hin
gleitest du und glättest nur mit Mühe die Krümmungen des langen
                                                               Leibes,

aut brevibus defensa vadis aut fluminis ulvis.
at cum tranquillos moliris in amne meatus, 140
te virides ripae, te caerula turba natantum,
te liquidae mirantur aquae; diffunditur alveo
aestus et extremi procurrunt margine fluctus.
talis Atlantiaco quondam ballena profundo,
cum vento motuve suo telluris ad oras 145
pellitur, exclusum fundit mare magnaque surgunt
aequora vicinique timent decrescere montes.
hic tamen, hic nostrae mitis ballena Mosellae
exitio procul est magnoque honor additus amni.

Iam liquidas spectasse vias et lubrica pisces 150
agmina multiplicesque satis numerasse catervas;
inducant aliam spectacula vitea pompam
sollicitentque vagos Baccheia munera visus,
qua sublimis apex longo super ardua tractu
et rupes et aprica iugi flexusque sinusque 155
vitibus adsurgunt naturalique theatro.
Gauranum sic alma iugum vindemia vestit
et Rhodopen proprioque nitent Pangaea Lyaeo;
sic viret Ismarius super aequora Thracia collis;
sic mea flaventem pingunt vineta Garumnam. 160
summis quippe iugis tendentis in ultima clivi
conseritur viridi fluvialis margo Lyaeo.
laeta operum plebes festinantesque coloni

entweder durch das schmale Gewässer behindert oder durch das
                                        Sumpfgras des Flusses.
Aber wenn du ruhig deine Bahnen im Strom ziehst,
bewundern dich die grünen Ufer, dich der himmelfarbene Haufen von
                                        Schwimmern,
dich das klare Wasser; es ergießt sich über das Flußbett
die Brandung und die letzten Fluten laufen über den Uferrand.
Solcherart läßt zuweilen im tiefen Atlantischen Ozean der Wal,
wenn er durch den Wind oder aus eigenem Antrieb an die Küsten des
                                        Landes
verschlagen wird, das verdrängte Meer sich ergießen, und gewaltig
                                        erheben sich
die Wasserflächen, und die benachbarten Berge fürchten, an Höhe zu
                                        verlieren.
Dieser jedoch, dieser sanfte Wal unserer Mosella
ist fern von verderblichem Tun und nur als Ehre dem großen Strom
                                        gegeben.

Nun die feuchten Pfade betrachtet und die Fische, die glitschigen
Trupps, und die vielfältigen Scharen aufgezählt zu haben, ist es
                                        genug.
Aufführen soll einen anderen Festzug die Betrachtung der Reben,
und reizen sollen den schweifenden Blick die Bacchus-Gaben,
wo ein aufragender Bergrücken in langem Zug über steilen Hängen
und ⟨wo⟩ Felsen und sonnige Höhen und Kehren und Krümmen
mit Reben ansteigen wie eine natürliche Schaubühne.
So kleidet die gauranische Höhe der erquickende Wein
und Rhodope, und von eigenem Lyaeus glänzt der Pangaeus;
so grünt der ismarische Hügel über dem Thracischen Meer;
so schmücken meine Weinberge die helle Garumna.
Denn bis zum Kamm des Hanges, der sich mit höchsten Erhebungen
                                        hinzieht,
wird der Rand des Flusses von grünem Lyaeus bewachsen.
Arbeitsfrohes Volk und emsige Bauern

vertice nunc summo properant, nunc deiuge dorso,
certantes stolidis clamoribus. inde viator　　　　　　　　　　165
riparum subiecta terens, hinc navita labens,
probra canunt seris cultoribus; adstrepit ollis
et rupes et silva tremens et concavus amnis.

Nec solos homines delectat scaena locorum:
hic ego et agrestes Satyros et glauca tuentes　　　　　　　170
Naidas extremis credam concurrere ripis,
capripedes agitat cum laeta protervia Panas
insultantque vadis trepidasque sub amne sorores
terrent, indocili pulsantes verbere fluctum.
saepe etiam mediis furata e collibus uvas　　　　　　　　175
inter Oreiadas Panope fluvialis amicas
fugit lascivos paganica numina Faunos.
dicitur et, medio cum sol stetit igneus orbe,
ad commune fretum Satyros vitreasque sorores
consortes celebrare choros, cum praebuit horas　　　　180
secretas hominum coetu flagrantior aestus.
tunc insultantes sua per freta ludere Nymphas
et Satyros mersare vadis rudibusque natandi
per medias exire manus, dum lubrica falsi
membra petunt liquidosque fovent pro corpore fluctus. 185
sed non haec spectata ulli nec cognita visu

eilen bald auf dem höchsten Gipfel, bald am abschüssigen Bergrücken
                                                          hin und her
und streiten sich mit törichtem Geschrei. Von dort singen ein Wanderer,
der drunten am Ufer seines Weges geht, von hier ein Schiffer, der
                                                          dahingleitet,
Spottverse gegen die säumigen Landbebauer; jenen widerhallt
die Felswand und der erzitternde Wald und die Mulde des Stromes.

Aber nicht allein Menschen erfreut dieses Bühnenbild der Landschaft:
Ich möchte glauben, daß hier auch ländliche Satyrn und Naiaden mit
                                                  strahlendblauem Blick
am Saum des Ufers zusammenkommen,
wenn fröhliche Keckheit die ziegenfüßigen Pane umtreibt
und sie im seichten Wasser herumspringen und die ängstlichen
                                                    Schwestern im Strom
erschrecken, indem sie mit ungelehrigem Schlag die Flut peitschen.
Oft ist auch, nachdem sie mitten aus den Hügeln Trauben gestohlen
                                                               hatte,
die Flußnymphe Panope zu ihren befreundeten Oreiaden
vor den ländlichen Gottheiten, den ausgelassenen Faunen, geflohen.
Man sagt, daß auch, wenn die feurige Sonne mitten in ihrer Kreisbahn
                                                         Halt gemacht hat,
an der gemeinsamen Flut die Satyrn und hellschimmernden Schwestern
gemeinschaftlich Reigentänze feierlich aufführen, wenn die allzu
                                              brennende Glut Stunden schenkte,
die vor einem Zusammentreffen mit Menschen geschützt sind.
Dann sollen, durch ihre Fluten hüpfend, die Nymphen spielen
und die Satyrn in seichte Wasser eintunken und ihnen, die des
                                              Schwimmens unkundig sind,
mitten aus den Händen entwischen, während diese, getäuscht,
                                                            glitschige
Gliedmaßen zu erhaschen suchen und fließende Fluten statt des
                                                      Körpers liebkosen.
Aber dies von niemandem Geschaute noch mit dem Blick Erfaßte

fas mihi sit pro parte loqui: secreta tegatur
et commissa suis lateat reverentia rivis.

Illa fruenda palam species, cum glaucus opaco
respondet colli fluvius, frondere videntur 190
fluminei latices et palmite consitus amnis.
quis color ille vadis, seras cum propulit umbras
Hesperus et viridi perfundit monte Mosellam!
tota natant crispis iuga motibus et tremit absens
pampinus et vitreis vindemia turget in undis. 195
adnumerat virides derisus navita vites,
navita caudiceo fluitans super aequora lembo
per medium, qua sese amni confundit imago
collis et umbrarum confinia conserit amnis.

Haec quoque quam dulces celebrant spectacula pompas, 200
remipedes medio certant cum flumine lembi
et varios ineunt flexus viridesque per oras
stringunt attonsis pubentia germina pratis!
puppibus et proris alacres gestire magistros
impubemque manum super amnica terga vagantem 205
dum spectat transitque dies, sua seria ludo
posthabet; excludit veteres nova gratia curas.

sei mir nur soweit zu sagen erlaubt, wie ich es vertreten kann:
                              Geschützt bleibe
und, seinen eigenen Wassern anvertraut, verborgen sei das
                                          Ehrwürdige.

Jenen Anblick darf man offen genießen, wenn der blaue Fluß zum
                                    schattigen
Hügel ein Gegenbild erschafft, ⟨wenn⟩ belaubt zu sein scheint
das Flußwasser und von Rebschossen bepflanzt der Strom.
Wie steht jenes Farbenspiel den Fluten, wenn Hesperus die späten
                              Schatten vertrieben hat
und die Mosella mit begrünten Bergen erfüllt!
Die ganzen Höhen verschwimmen in gekräuselten Bewegungen und
                                          es zittert
Weinlaub, das nicht da ist, und in den kristallklaren Wogen schwillt die
                                                  Traube.
Hinzu zählt, genarrt, der Schiffer die grünen Reben,
der Schiffer, der mit einem Einbaumkahn über die Wasserfläche
                                    dahinschaukelt,
in der Mitte, wo mit dem Strom das Bild des Hügels verschmilzt
und der Strom die Grenzlinien der Schatten verwischt.

Welch anmutige Aufzüge führt auch das folgende Schauspiel feierlich
                                                      auf,
wenn ruderfüßige Nachen mitten auf dem Fluß wetteifern
und mannigfaltige Wendemanöver ausführen und an den grünen
                                                Küsten
die neuen Halme streifen, die nach dem Mähen der Wiesen eben
                                          sprießen!
Während der Tag die munteren Lenker auf Heck und Bug übermütig
                                    gestikulieren
und die jugendliche Schar auf des Stromes Rücken kreuzen
sieht und vorübergeht, stellt er seine ernsten Geschäfte dem Spiel
hintan; es verdrängt die alten Sorgen der neue Reiz.

tales Cumano despectat in aequore ludos
Liber, sulphurei cum per iuga consita Gauri
perque vaporiferi graditur vineta Vesevi, 210
cum Venus Actiacis Augusti laeta triumphis
ludere lascivos fera proelia iussit Amores,
qualia Niliacae classes Latiaeque triremes
subter Apollineae gesserunt Leucados arces,
aut Pompeiani Mylasena pericula belli 215
Euboicae referunt per Averna sonantia cumbae;
innocuos ratium pulsus pugnasque iocantes
naumachiae, Siculo qualis spectata Peloro,
caeruleus viridi reparat sub imagine pontus.
non aliam speciem petulantibus addit ephebis 220
pubertasque amnisque et picti rostra phaseli.
hos Hyperionio cum sol perfuderit aestu,
reddit nautales vitreo sub gurgite formas
et redigit pandas inversi corporis umbras,
utque agiles motus dextra laevaque frequentant 225
et commutatis alternant pondera remis,
unda refert alios simulacra umentia nautas.
ipsa suo gaudet simulamine nautica pubes,
fallaces fluvio mirata redire figuras.
sic ubi compositos ostentatura capillos 230
candentem late speculi explorantis honorem
cum primum carae nutrix admovit alumnae,
laeta ignorato fruitur virguncula ludo
germanaeque putat formam spectare puellae;
oscula fulgenti dat non referenda metallo 235

Auf derartige Spiele schaut auf dem Meer bei Cumae von oben
Liber herab, wenn er über die bepflanzten Höhen des schwefligen
                                    Gaurus
und durch die Weinberge des qualmenden Vesevus schreitet,
wenn Venus, froh über den actischen Triumph des Augustus,
den ausgelassenen Liebesgöttern befohlen hat, wilde Kämpfe
                                    nachzuspielen,
wie sie die Nilflotten und die latinischen Dreiruderer
unterhalb der Burg des apollinischen Leucas ausgetragen haben,
oder ⟨wenn⟩ aus dem Krieg gegen Pompeius die gefahrvolle
                                    Entscheidungsschlacht bei Mylae
euböische Kähne auf dem rauschenden Avernersee wiederholen;
unschädliche Rammstöße der Schiffe und spaßhafte Kämpfe
der Seeschlacht, wie sie der siculische Pelorus schaute,
gibt die himmelfarbene Meeresflut in grünem Bild erneuert wieder.
Kein anderes Aussehen verleiht den übermütigen Jünglingen
ihre Jugendkraft und der Strom und die an den Schnäbeln bemalten
                                    Boote.
Wenn diese die Sonne mit ihrer hyperionischen Glut übergossen hat,
spiegelt sie die Gestalten der Schiffer in der kristallklaren Flut wider
und gibt den Schatten des verkehrt erscheinenden Körpers verzerrt
                                    wieder,
und wie sie behende Bewegungen rechts und links rasch ausführen
und unter wechselndem Schlag der Ruder die Last bald hierhin, bald
                                    dorthin verlagern,
bringt die Woge andere Schiffer, feuchte Bilder, zurück.
Selbst die Schiffsjugend freut sich über ihr Abbild
und wundert sich, daß täuschende Gestalten im Fluß zurückkehren.
So genießt – im Begriff, ihre zurechtgemachten Haare zu zeigen,
sobald die Amme ihrer lieben Pflegetochter zum ersten Mal
einen weithin strahlenden, prächtigen Spiegel zur Prüfung gebracht hat –
das junge Mädchen froh das unbekannte Spiel
und glaubt, die Gestalt einer leiblichen Schwester zu schauen;
Küsse gibt sie dem strahlenden Metall, die es nicht erwidern kann,

aut fixas praetemptat acus aut frontis ad oram
vibratos captat digitis extendere crines:
talis ad umbrarum ludibria nautica pubes
ambiguis fruitur veri falsique figuris.

Iam vero accessus faciles qua ripa ministrat, 240
scrutatur toto populatrix turba profundo
heu male defensos penetrali flumine pisces.
hic medio procul amne trahens umentia lina
nodosis decepta plagis examina verrit;
ast hic, tranquillo qua labitur agmine flumen, 245
ducit corticeis fluitantia retia signis;
ille autem scopulis deiectas pronus in undas
inclinat lentae conexa cacumina virgae,
inductos escis iaciens letalibus hamos.
quos ignara doli postquam vaga turba natantum 250
rictibus invasit patulaeque per intima fauces
sera occultati senserunt vulnera ferri,
dum trepidant, subit indicium crispoque tremori
vibrantis saetae nutans consentit harundo,
nec mora et excussam stridenti verbere praedam 255
dexter in obliquum raptat puer; excipit ictum
spiritus, ut fractis quondam per inane flagellis
aura crepat motoque adsibilat aëre ventus.
exultant udae super arida saxa rapinae

oder sie betastet die eingesteckten Nadeln oder bemüht sich, am Rand
                                                                    der Stirn
die gekräuselten Haare mit den Fingern glattzustreichen:
Solcherart genießt beim Spiel der Schatten die Schiffsjugend
die doppelten Gebilde des Wahren und des Täuschenden.

Ferner aber, wo das Ufer leichten Zugang ermöglicht,
forscht ein räuberischer Haufe im ganzen tiefen Gewässer
nach Fischen, die im innersten Schoß des Flusses – o weh! – nur
                                                      schlecht geschützt sind.
Dieser schleift fern in der Mitte des Stromes das nasse Leinen und
fegt die Schwärme zusammen, die durch das knotenreiche Garn
                                                              getäuscht sind;
hingegen dieser zieht, wo der Fluß in ruhigem Lauf dahingleitet,
Netze, die an Zeichen aus Kork schwimmen;
jener aber, der sich von den Klippen aus über die Wogen unter ihm
                                                                      beugt,
senkt die Spitze, die an der biegsamen Rute befestigt ist,
wobei er den Haken wirft, der mit dem tödlichen Köder belegt ist.
Nachdem dann, unkundig der List, der unstete Haufe der Schwimmer
                                                                      diese
mit dem Maul geschnappt hat und die aufgerissenen Rachen tief
                                                                    drinnen
zu spät die Wunden des verborgenen Eisens verspürt haben,
kommt, während sie zappeln, ein Anzeichen von unten herauf und
                                                        dem bebenden Zittern
der zuckenden Haarschnur entspricht das Schwanken des Rohres,
und unverzüglich schleudert der Junge die Beute mit pfeifendem Ruck
                                                                      heraus
und reißt sie geschickt zur Seite; es verspürt den Streich
die Luft, wie es, wenn man zuweilen mit der Peitsche ins Leere schlägt,
einen Knall im Äther gibt und ⟨wie⟩ in der bewegten Atmosphäre der
                                                                Wind pfeift.
Es springt der feuchte Raub über die trockenen Felsen

luciferique pavent letalia tela diei, 260
cuique sub amne suo mansit vigor, aëre nostro
segnis anhelatis vitam consumit in auris.
iam piger invalido vibratur corpore plausus,
torpida supremos patitur iam cauda tremores
nec coeunt rictus, haustas sed hiatibus auras 265
reddit mortiferos expirans branchia flatus.
sic ubi fabriles exercet spiritus ignes,
accipit alterno cohibetque foramine ventos
lanea fagineis adludens parma cavernis.
vidi egomet quosdam leti sub fine trementes 270
collegisse animas, mox in sublime citatos
cernua subiectum praeceps dare corpora in amnem,
desperatarum potientes rursus aquarum.
quos impos damni puer inconsultus ab alto
impetit et stolido captat prensare natatu. 275
sic Anthedonius Boeotia per freta Glaucus,
gramina gustatu postquam exitialia Circes
expertus carptas moribundis piscibus herbas
sumpsit, Carpathium subiit novus accola pontum.
ille hamis et rete potens, scrutator operti 280
Nereos, aequoream solitus converrere Tethyn,

und erschrickt vor den tödlichen Geschossen des lichtbringenden
                                                                Tages,
und der, dem unten in seinem Strom die Kraft geblieben ist, verliert in
                                                      unserer Atmosphäre,
während er nach Luft schnappt, langsam das Leben.
Schon zuckt nur noch träge im geschwächten Leib ein Schlag,
erstarrt erleidet schon der Schwanz das letzte Zittern,
und nicht mehr geht das Maul zusammen, sondern die mit
                                  klaffendem Schlund eingesogene Luft
geben die Kiemen aushauchend als todbringendes Blasen zurück.
So pflegt die Klappe aus Filz, sobald ein Luftzug das Schmiedefeuer
                                                                entfacht,
durch abwechselndes Öffnen und Schließen des Loches die Winde
                                            einzulassen und zurückzuhalten,
indem sie sich an die Kammer aus Buchenholz anschmiegt.
Gesehen habe ich allerdings, wie einige, während sie unmittelbar vor
                                        Eintritt des Todes erzitterten,
ihre Lebensgeister sammelten, sogleich in die Höhe schnellten,
sich überschlagend ihren Leib kopfüber in den darunter liegenden
                                                            Strom stürzten
und so wieder des Wassers teilhaftig zu werden vermochten, auf das sie
                                                schon nicht mehr gehofft hatten.
Ihnen aber springt, weil er den Verlust nicht zu ertragen vermag, der
                              Knabe unüberlegt von der Höhe aus nach
und bemüht sich, in törichter Weise nachschwimmend, sie zu
                                                                ergreifen.
So ist Glaucus von Anthedon durch die böotischen Fluten,
nachdem er die verderblichen Gräser Circes durch Kosten
erprobt und die Kräuter, die von todverfallenen Fischen gerupft
                                                                waren,
zu sich genommen hatte, als neuer Bewohner in das Carpathische
                                                            Meer gekommen.
Jener, Herr über Haken und Netz, Erforscher des verborgenen
Nereus, gewohnt, die weitflächige Tethys leerzufegen,

inter captivas fluitavit praedo catervas.

Talia despectant longo per caerula tractu
pendentes saxis instanti culmine villae,
quas medius dirimit sinuosis flexibus errans 285
amnis, et alternas comunt praetoria ripas.

Quis modo Sestiacum pelagus, Nepheleidos Helles
aequor, Abydeni freta quis miretur ephebi?
quis Chalcedonio constratum ab litore pontum,
regis opus magni, mediis euripus ubi undis 290
Europaeque Asiaeque vetat concurrere terras?
non hic dira freti rabies, non saeva furentum
proelia caurorum; licet hic commercia linguae
iungere et alterno sermonem texere pulsu.
blanda salutiferas permiscent litora voces, 295
et voces et paene manus; resonantia utrimque
verba refert mediis concurrens fluctibus echo.
quis potis innumeros cultusque habitusque retexens
pandere tectonicas per singula praedia formas?

Non hoc spernat opus Gortynius aliger, aedis 300
conditor Euboicae, casus quem fingere in auro
conantem Icarios patrii pepulere dolores;
non Philo Cecropius, non qui laudatus ab hoste
clara Syracosii traxit certamina belli.

schwamm in den Fluten als Räuber unter den einst gefangenen
                                                      Scharen.

Auf Derartiges schauen von oben in langer Reihe am himmelfarbenen
                                                      ⟨Wasser⟩ entlang,
mit ragendem Giebel am Felshang schwebend, Landhäuser herab,
die der Strom trennt, der sich dazwischen in Biegungen schlängelnd
                                                   hin und her windet,
und Paläste schmücken abwechselnd die Ufer.

Wer nur könnte noch die See bei Sestus, die Flut der Tochter Nepheles,
wer die Meerengen des Jünglings von Abydus bewundern?
Wer die Seetiefe, die vom chalcedonischen Gestade aus ⟨mit Brücken⟩
                                                    bedeckt worden war,
das Werk des großen Königs, wo zwischen den Meeren ein Sund
den Ländern Europas und Asiens aneinanderzustoßen verbietet?
Nicht gibt es hier das grause Wüten der Brandung, nicht die rasenden
                                                   Kämpfe tobender
Nordwestwinde; möglich ist es hier, Verkehr durch die Sprache
zu pflegen und in wechselndem Zuruf ein Gespräch anzuknüpfen.
Freundlich vermengen die Gestade grußbringende Stimmen,
Stimmen sowohl als auch beinahe Händedruck; die auf beiden Seiten
                                                   zurückhallenden
Worte trägt das Echo zurück, das mitten in den Fluten
                                                   aneinanderstößt.
Wer ist imstande, indem er die unzähligen Schönheiten und
                                                 Herrlichkeiten entfaltet,
die Baurisse bei den einzelnen Gütern darzulegen?

Nicht dürfte dieses Werk der gortynische Flügelträger verachten,
der Gründer des euböischen Tempels, den von seinem Versuch,
den Sturz des Icarus in Gold zu bilden, der Schmerz des Vaters abhielt;
nicht der cecropische Philo, nicht er, der, gelobt sogar vom Feind,
die berühmten Kämpfe des Krieges um Syracus in die Länge zog.

forsan et insignes hominumque operumque labores 305
hic habuit decimo celebrata volumine Marci
hebdomas, hic clari viguere Menecratis artes
atque Ephesi spectata manus vel in arce Minervae
Ictinus, magico cui noctua perlita fuco
adlicit omne genus volucres perimitque tuendo. 310
conditor hic forsan fuerit Ptolomaidos aulae
Dinochares, quadrata cui in fastigia cono
surgit et ipsa suas consumit pyramis umbras,
iussus ob incesti qui quondam foedus amoris
Arsinoen Pharii suspendit in aëre templi; 315
spirat enim tecti testudine virus achates
adflatamque trahit ferrato crine puellam.
hos ergo aut horum similes est credere dignum
Belgarum in terris scaenas posuisse domorum,
molitos celsas fluvii decoramina villas. 320

Haec est natura sublimis in aggere saxi,
haec procurrentis fundata crepidine ripae,
haec refugit captumque sinu sibi vindicat amnem.
illa tenens collem, qui plurimus imminet amni,
usurpat faciles per culta, per aspera visus, 325
utque suis fruitur dives speculatio terris.
quin etiam riguis humili pede condita pratis
compensat celsi bona naturalia montis
sublimique minans irrumpit in aethera tecto,
ostentans altam, Pharos ut Memphitica, turrim. 330

Vielleicht auch ausgezeichnete Leistungen von Menschenhand
vermerkte hier in der zehnten Buchrolle des Marcus gepriesene
Hebdomade, standen hier in Blüte die Künste des berühmten
                                      Menecrates
und die in Ephesus bewährte Hand, oder auf der Burg der Minerva
                                                        ⟨bewährt⟩
Ictinus, dem eine Nachteule, die mit magischem Rot bestrichen
                                                                   war,
jede Art von Vögeln anlockt und sie durch ihren Anblick tötet.
Hier war vielleicht der Erbauer des ptolomäischen Hofes,
Dinochares, dem sich viereckig in einem Kegel zur Spitze hin
eine Pyramide erhebt und selbst ihre Schatten verzehrt,
⟨ihm,⟩ der einst auf Befehl wegen des Bundes unkeuscher Liebe
Arsinoë im pharischen Tempel frei in der Luft schweben ließ;
es verströmt nämlich in der Kuppel des Daches ein Achat seine Kraft
und zieht das Mädchen, das angehaucht wird, am eisernen Haar an.
Diese also oder diesen Ähnliche, so ist es glaubwürdig,
haben in den Ländern der Belger den Grund der Häuser gelegt
und so die hochragenden Villen, Schmuckstücke des Flusses, errichtet.

Diese ist auf dem Damm eines durch seine natürliche Beschaffenheit
                                                                      erhöhten Felsens,
diese gegründet auf einem Sockel des vorspringenden Ufers,
diese zieht sich zurück und beansprucht den Strom, der in einer
                                                      Einbuchtung gefangen ist, für sich.
Jene, die einen Hügel einnimmt, der am höchsten den Strom überragt,
verschafft sich leichte Aussicht über bebautes Land, über Wildnis,
und wie an eigenen Ländereien labt sich die glückliche Schau.
Ja, ⟨eine andere⟩ sogar, die mit niedriger Basis auf bewässerten Wiesen
                                                                        angelegt ist,
gleicht die natürlichen Vorzüge eines sich steil erhebenden Berges aus
und stößt drohend mit erhöhtem Dach in den Himmelsraum vor,
indem sie einen hohen Turm emporreckt, wie der Pharus von
                                                                       Memphis.

huic proprium clausos consaepto gurgite pisces
apricas scopulorum inter captare novales.
haec summis innixa iugis labentia subter
flumina despectu iam caligante tuetur.

Atria quid memorem viridantibus adsita pratis 335
innumerisque super nitentia tecta columnis?
quid quae fluminea substructa crepidine fumant
balnea, ferventi cum Mulciber haustus operto
volvit anhelatas tectoria per cava flammas,
inclusum glomerans aestu expirante vaporem? 340
vidi ego defessos multo sudore lavacri
fastidisse lacus et frigora piscinarum,
ut vivis fruerentur aquis, mox amne refotos
plaudenti gelidum flumen pepulisse natatu.
quod si Cumanis huc adforet hospes ab oris, 345
crederet Euboicas simulacra exilia Baias
his donasse locis: tantus cultusque nitorque
adlicit et nullum parit oblectatio luxum.

Sed mihi qui tandem finis tua glauca fluenta
dicere dignandumque mari memorare Mosellam, 350
innumeri quod te diversa per ostia late

Diese hat die Eigentümlichkeit, daß man die in einem umzäunten
                            Wasserbecken eingeschlossenen Fische
mitten im sonnigen Brachland der Klippen fangen kann.
Diese, auf die höchsten Höhen gestützt, betrachtet den drunten
                                       hingleitenden
Fluß, wobei schon der Blick hinab Schwindel erregt.

Was soll ich Hallen erwähnen, die an grünenden Wiesen gelegen sind,
und Dächer, die sich auf unzählige Säulen stützen?
Was Bäder, die, am Sockel des Flusses errichtet, rauchen,
wenn Mulciber, aus seinem glühenden Versteck herausgelockt,
seinen keuchend ausgestoßenen Feueratem durch die hohlen
                                Wandverkleidungen sich emporwälzen läßt
und den eingeschlossenen Dampf mit seinem Gluthauch
                                                  zusammenballt?
Gesehen habe ich, wie manche, die vom vielen Schwitzen im Bad
                                         erschöpft waren,
die Bassins und die Kühle der Becken verschmähten,
um sich am lebendigen Wasser zu laben, dann, durch den Strom
                                             erquickt,
mit plätscherndem Schwimmen den eiskalten Fluß zerteilten.
Wenn aber von cumanischen Küsten ein Gastfreund hier wäre,
würde er glauben, daß das euböische Baiae ein verkleinertes Abbild
                                                     von sich
dieser Gegend geschenkt habe: So sehr zieht sowohl ihre Schönheit als
                                                  auch ihr Glanz an,
und doch erzeugt das Vergnügen keine Verschwendung.

Aber welches Ende ⟨wird sich⟩ schließlich für mich ⟨finden⟩, deine
                                                     bläulichen Fluten
zu preisen und die Mosella, die gleiche Würdigung wie das Meer
                                         verdient, dem Gedächtnis einzuprägen,
weil ohne Zahl in dich durch Mündungen auf gegenüberliegenden
                                                     Seiten weithin

incurrunt amnes? quamquam differre meatus
possent, sed celerant in te consumere nomen.
namque et Promeae Nemesaeque adiuta meatu
Sura tuas properat non degener ire sub undas, 355
Sura interceptis tibi gratificata fluentis,
nobilius permixta tuo sub nomine, quam si
ignoranda patri confunderet ostia ponto.
te rapidus Celbis, te marmore clarus Erubris
festinant famulis quam primum adlambere lymphis: 360
nobilibus Celbis celebratus piscibus, ille
praecipiti torquens Cerealia saxa rotatu
stridentesque trahens per levia marmora serras
audit perpetuos ripa ex utraque tumultus.
praetereo exilem Lesuram tenuemque Drahonum 365
nec fastiditos Salmonae usurpo fluores.
naviger undisona dudum me mole Saravus
tota veste vocat, longum qui distulit amnem,
fessa sub Augustis ut volveret ostia muris.
nec minor hoc, tacitum qui per sola pinguia labens 370
stringit frugiferas felix Alisontia ripas.
mille alii, prout quemque suus magis impetus urget,
esse tui cupiunt: tantus properantibus undis
ambitus aut mores. quod si tibi, dia Mosella,
Smyrna suum vatem vel Mantua clara dedisset, 375
cederet Iliacis Simois memoratus in oris

Ströme einfließen? Obwohl sie ihren Lauf verzögern
könnten, schnellen sie doch dahin, um in dir ihren Namen
                                            aufzugeben.
Denn nachdem sie sowohl durch den Zufluß der Proméa als auch der
                                          Némesa verstärkt ist,
eilt die Sura, nicht unwert, in deinen Wogen aufzugehen,
die Sura, die dir gefällig ist mit den Flüssen, die sie einfing,
die sich mit dir unter deinem Namen rühmlicher vermischt, als wenn sie
ungekannt ihre Mündung in ihren Vater ergösse, das Meer.
Dich wollen der reißende Celbis, dich der durch Marmor berühmte
                                                    Erubris
in Hast möglichst bald mit dienenden Wassern bespülen:
Der Celbis wird wegen seiner rühmlichen Fische gepriesen; jener aber
läßt, indem er Getreidemahlsteine in jäher Bewegung dreht
und kreischende Sägen durch glatten Marmor zieht,
beständigen Lärm von beiden Ufern her hören.
Ich übergehe die kleine Lésura und den schmalen Drahónus
und nicht nehme ich mich des verachteten Wassers der Salmóna an.
Schiffetragend ruft mich mit wogenbrausendem Schwall schon lange
                                                der Sarávus
mit seinem ganzen Gewand, der lang seine Strömung hin und her
                                                      geführt hat,
um erschöpft unter den augustischen Mauern sich dahinwälzend zu
                                                         münden.
Und nicht geringer als dieser ist die, die, still durch fette Böden
                                                           gleitend,
vorbei an fruchttragenden Ufern ertragreich streift – die Alisontia.
Tausend andere, je nachdem einen jeden sein Drang mehr treibt,
wünschen, die Deinen zu sein: Solch großen Ehrgeiz haben die
                                                     eilenden Wogen
oder ⟨solches⟩ Wesen. Wenn aber dir, göttliche Mosella,
Smyrna seinen Sänger gegeben hätte oder das berühmte Mantua,
wiche dir der Símois, an ilischen Küsten rühmend in Erinnerung
                                                          gebracht,

nec praeferre suos auderet Thybris honores.
da veniam, da, Roma potens! pulsa, oro, facessat
invidia et Latiae Nemesis non cognita linguae:
imperii sedem Romae tenuere parentes. 380

Salve, magne parens frugumque virumque, Mosella!
te clari proceres, te bello exercita pubes,
aemula te Latiae decorat facundia linguae.
quin etiam mores et laetum fronte severa
ingenium natura tuis concessit alumnis, 385
nec sola antiquos ostentat Roma Catones
aut unus tantum iusti spectator et aequi
pollet Aristides veteresque inlustrat Athenas.

Verum ego quid laxis nimium spatiatus habenis
victus amore tui praeconia detero? conde, 390
Musa, chelyn, pulsis extremo carmine netis.
tempus erit, cum me studiis ignobilis oti
mulcentem curas seniique aprica foventem
materiae commendet honos; cum facta viritim
Belgarum patriosque canam decora inclita mores. 395
mollia subtili nebunt mihi carmina filo
Pierides tenuique aptas subtemine telas
percurrent; dabitur nostris quoque purpura fusis.
quis mihi tum non dictus erit? memorabo quietos
agricolas legumque catos fandique potentes, 400
praesidium sublime reis; quos curia summos

und nicht wagte es der Thybris, seine Ehre über dich zu stellen.
Zeige Nachsicht, zeige sie, mächtige Roma! Abgewiesen, ich bitte, soll
                                                 sich davonmachen
der Neid und Nemesis, nicht bekannt der latinischen Zunge:
Der Herrschaft Sitz hatten ja in Rom die Väter.

Sei gegrüßt, großer Erzeuger sowohl von Früchten als auch von
                                                  Männern, Mosella!
Dich zieren berühmte Adlige, dich eine Jugend, im Krieg geübt,
dich Beredsamkeit, wetteifernd mit latinischer Zunge.
Ja, auch Sittsamkeit und eine bei strenger Stirn fröhliche
Veranlagung hat die Natur deinen Zöglingen zugestanden,
und nicht verweist Rom allein voll Stolz auf die vormaligen Catonen
oder gilt als nur einziger Wahrer von Recht und Billigkeit
Aristides und rückt das alte Athen ins rechte Licht.

Aber was schmälere ich, indem ich an allzu lockeren Zügeln
                                                  ausschreite,
von Liebe zu dir bezwungen, den Lobpreis? Birg,
Muse, die Schildkröten-Lyra, wenn die Saiten mit dem letzten Lied
                                                  angeschlagen sind!
Die Zeit wird kommen, da mich, während ich bei Werken der
                                                  ruhmlosen Muße
die Sorgen lindere und die Sonnenseiten des Alters wohlig genieße,
der Reiz meines Stoffes empfiehlt; da ich Mann für Mann die Taten
der Belger und die väterlichen Sitten, ruhmreiche Vorzüge, besinge.
Empfindsame Lieder werden mir mit dünnem Faden die Pieriden
                                                  weben
und mit feinem Einschlag die befestigten Aufzüge
durchschießen; auch unsere Spindeln werden Purpur bekommen.
Wer wird von mir dann nicht genannt sein? Rühmend in Erinnerung
                                                  bringen will ich die friedlichen
Ackerbauern und die Gesetzeskundigen und Redegewaltigen,
den erhabenen Schutz für Verklagte; die das Rathaus als die höchsten

municipum vidit proceres propriumque senatum,
quos praetextati celebris facundia ludi
contulit ad veteris praeconia Quintiliani,
quique suas rexere urbes purumque tribunal 405
sanguine et innocuas inlustravere secures,
aut Italum populos aquilonigenasque Britannos
praefecturarum titulo tenuere secundo;
quique caput rerum Romam, populumque patresque,
tantum non primo rexit sub nomine, quamvis 410
par fuerit primis: festinet solvere tandem
errorem Fortuna suum libataque supplens
praemia iam veri fastigia reddat honoris
nobilibus repetenda nepotibus. at modo coeptum
detexatur opus, dilata et laude virorum 415
dicamus laeto per rura virentia tractu
felicem fluvium Rhenique sacremus in undas.

Caeruleos nunc, Rhene, sinus hyaloque virentem
pande peplum spatiumque novi metare fluenti
fraternis cumulandus aquis. nec praemia in undis 420
sola, sed Augustae veniens quod moenibus urbis
spectavit iunctos natique patrisque triumphos,
hostibus exactis Nicrum super et Lupodunum
et fontem Latiis ignotum annalibus Histri.

unter ihren Bürgern sah, als Vornehmste und als eigenen Senat;
die die gefeierte Beredsamkeit der von Knaben in der Purpurtoga
                                                      besuchten Schule
zum Ruhm des alten Quintilian emportrug;
und die ihre Städte lenkten und den Richterstuhl rein
von Blut und schuldlos die Beile erstrahlen ließen;
oder die über die Völker der Italer und die unter dem Nordwind
                                                      geborenen Britannier
unter dem Titel der zweiten Präfektur geboten;
und den, der das Haupt der Welt, Rom, sowohl Volk als auch Väter,
nur nicht unter dem ersten Namen lenkte, obwohl
er gleich war den Ersten: Sputen soll sich Fortuna, um endlich
ihr Versehen zu beheben, und soll, indem sie die nur gekosteten
                                              Belohnungen nachliefert,
jetzt die Würde der wahren Ehre verleihen,
die edle Enkel wieder anstreben müssen! Aber das begonnene
Werk soll nur erst zu Ende gewebt werden! Schieben wir das Lob der
                                                            Männer
auf und besingen wir mit seinem fröhlichen Dahinziehen durch
                                                          grünendes Land
den ertragreichen Fluß und weihen wir ihn feierlich den Wogen des
                                                               Rhenus!

Den himmelfarbenen Bausch, Rhenus, und das glasgrüne Gewand
breite jetzt aus und miß den Raum der neuen Flut,
der du durch die brüderlichen Wasser vermehrt werden sollst! Und der
                                                      Wert liegt nicht in den Wogen
allein, sondern darin, daß er, weil er von den Mauern der augustischen
                                                                  Stadt kommt,
die vereinigten Triumphe sowohl des Sohnes als auch des Vaters
                                                                      geschaut hat,
nachdem die Feinde über den Nicer hinaus und Lupodunum
und die Quelle des Hister, die den latinischen Annalen unbekannt ist,
                                                                          vertrieben waren.

haec profligati venit modo laurea belli: 425
mox alias aliasque feret. vos pergite iuncti
et mare purpureum gemino propellite tractu.
neu vereare minor, pulcherrime Rhene, videri:
invidiae nihil hospes habet. potiere perenni
nomine; tu fratrem famae securus adopta. 430
dives aquis, dives Nymphis, largitor utrique
alveus extendet geminis divortia ripis
communesque vias diversa per ostia fundet.
accedent vires, quas Francia quasque Chamaves
Germanique tremant; tunc verus habebere limes. 435
accedet tanto geminum tibi nomen ab amni,
cumque unus de fonte fluas, dicere bicornis.

Haec ego, Vivisca ducens ab origine gentem,
Belgarum hospitiis non per nova foedera notus,
Ausonius, nomen Latium, patriaque domoque 440
Gallorum extremos inter celsamque Pyrenen,
temperat ingenuos qua laeta Aquitanica mores,
audax exigua fide concino. fas mihi sacrum
perstrinxisse amnem tenui libamine Musae.
nec laudem adfecto, veniam peto. sunt tibi multi, 445
alme amnis, sacros qui sollicitare fluores

Dieses lorbeergeschmückte ‹Schreiben› von der Niederschlagung des
                                              Krieges ist gerade gekommen:
Bald wird er andere und wieder andere bringen. Setzt ihr vereinigt den
                                                                  Weg fort
und drängt das purpurschimmernde Meer in doppeltem Zuge zurück!
Und fürchte nicht, schönster Rhenus, geringer zu erscheinen:
Neid kennt ein Gastfreund nicht! Auf ewig wirst du teilhaftig bleiben
deines Namens; nimm du den Bruder, um deinen Ruhm unbesorgt,
                                                                      auf!
Reich an Wassern, reich an Nymphen, freigebig für beide,
wird dein Bett mit doppelten Ufern sich trennen und weiten
und auf gemeinsamem Weg durch getrennte Mündungen sich
                                                                 ergießen.
Hinzukommen werden die Wassermassen, vor denen das Frankenland
                                            und vor denen die Chamaven
und Germanen erzittern sollen; dann wirst du für eine wahre Grenze
                                                        gehalten werden.
Hinzukommen wird für dich ein doppelter Name von einem so
                                                          großen Strom,
und obwohl du nur als einer aus der Quelle fließt, wirst du zweihörnig
                                                         genannt werden.

Dieses singe ich, der ich von viviscischem Ursprung mein Geschlecht
                                                                 herleite,
den gastlichen Belgern nicht erst durch neuen Freundschaftsbund
                                                                 bekannt,
Ausonius – der Name ‹ist› latinisch, doch nach Vaterstadt und Haus
‹bin ich› zwischen den äußersten Galliern und der hochragenden
                                                       Pyrene ‹daheim›,
wo Aquitanien froh edle Sitten pflegt –,
kühn auf bescheidener Leier. Erlaubt ist es mir, daß ich den heiligen
Strom mit einem kleinen Trankopfer meiner Muse besprengt habe.
Aber nicht Lob erstrebe ich, um Nachsicht bitte ich. Du hast viele,
nährender Strom, die es gewohnt sind, das heilige Naß

Aonidum totamque solent haurire Aganippen.
ast ego, quanta mei dederit se vena liquoris,
Burdigalam cum me in patriam nidumque senectae
Augustus pater et nati, mea maxima cura, 450
fascibus Ausoniis decoratum et honore curuli
mittent emeritae post tempora disciplinae,
latius Arctoi praeconia persequar amnis.
addam urbes, tacito quas subterlaberis alveo,
moeniaque antiquis te prospectantia muris 455
addam, praesidiis dubiarum condita rerum,
sed modo securis non castra, sed horrea Belgis;
addam felices ripa ex utraque colonos
teque inter medios hominumque boumque labores
stringentem ripas et pinguia culta secantem. 460
non tibi se Liger anteferet, non Axona praeceps,
Matrona non, Gallis Belgisque intersita finis,
Santonico refluus non ipse Carantonus aestu.
concedet gelido Durani de monte volutus
amnis et auriferum postponet Gallia Tarnem 465
insanumque ruens per saxa rotantia late
in mare purpureum, dominae tamen ante Mosellae
nomine adorato, Tarbellicus ibit Aturrus.

Corniger externas celebrande Mosella per oras,
nec solis celebrande locis, ubi fonte supremo 470

der Aoniden in Wallung zu bringen und Aganippe ganz auszuschöpfen.
Ich hingegen werde, so weit es die Ader meines Dichterblutes gestattet
– wenn mich nach Burdigala, in meine Vaterstadt und das warme Nest
　　　　　　　　　　　　　　　　　　　　　　　　　meines Alters,
Augustus Vater und seine Söhne, meine größte Sorge,
nachdem ich mit den ausonischen Rutenbündeln und der curulischen
　　　　　　　　　　　　　　　　　　　　　　　　Ehre geschmückt bin,
nach dem Ende meiner Unterrichtszeit entlassen werden –,
den Ruhm des nördlichen Stromes breiter ausführen.
Hinzufügen werde ich Städte, unterhalb derer du in ruhigem Bett
　　　　　　　　　　　　　　　　　　　　　　　　　vorübergleitest,
und ich werde Festungen, die mit alten Mauern auf dich schauen,
hinzufügen, zum Schutz in zweifelhaften Zuständen gegründet,
⟨die⟩ aber nicht mehr Kastelle ⟨sind⟩, sondern Speicher für die jetzt
　　　　　　　　　　　　　　　　　　　　　　　　sorgenfreien Belger;
hinzufügen werde ich glückliche Bauern auf beiden Ufern
und dich, der du mitten zwischen den Werken sowohl der Menschen
　　　　　　　　　　　　　　　　　　　　　　　　　als auch Rinder
die Ufer streifst und fettes bebautes Land durchschneidest.
Nicht wird sich der Liger über dich stellen, nicht die dahinschießende
　　　　　　　　　　　　　　　　　　　　　　　　　　　　　Áxona,
die Mátrona nicht, zwischen Galliern und Belgern als Grenze gelegen,
selbst nicht der Caróntonus, der von santonischer Flut zurückbrandet.
Weichen wird der Strom des Duranius, der sich von eisigem Berge
　　　　　　　　　　　　　　　　　　　　　　　　　　　herabwälzt,
und den goldführenden Tarnes wird Gallien hintanstellen,
und er, der rasend weithin über rollendes Gestein stürzt,
wird erst ins pupurschimmernde Meer münden, nachdem er zuvor
　　　　　　　　　　　　　　　　　　　dem Namen der Herrin Mosella
seine Achtung bezeugt hat, der tarbellische Aturrus.

Hörnertragende Mosella, rühmenswert an auswärtigen Küsten,
und nicht nur in Gegenden rühmenswert, wo du aus dem Spiegel der
　　　　　　　　　　　　　　　　　　　　　　　　　　　　　Quelle

exeris auratum taurinae frontis honorem,
quave trahis placidos sinuosa per arva meatus,
vel qua Germanis sub portibus ostia solvis;
si quis honos tenui volet adspirare Camenae,
perdere si quis in his dignabitur otia Musis, 475
ibis in ora hominum laetoque fovebere cantu.

Te fontes vivique lacus, te caerula noscent
flumina, te veteres pagorum gloria luci;
te Druna, te sparsis incerta Druentia ripis
Alpinique colent fluvii duplicemque per urbem 480
qui meat et Dextrae Rhodanus dat nomina ripae;
te stagnis ego caeruleis magnumque sonoris
amnibus, aequoreae te commendabo Garumnae.

den vergoldeten Schmuck deiner Stierstirn hervorstreckst
oder wo du sanfte Bahnen durch gewundene Fluren ziehst
oder wo du unterhalb germanischer Häfen deine Mündungen öffnest;
wenn irgendeine Ehre meine bescheidene Camene begünstigen will,
wenn einer es für wert hält, seine Freizeit bei diesen Musen zu
                                                          verschwenden,
wirst du in den Mund der Menschen gelangen und in frohem Gesang
                                                          gehegt werden.

Dich werden Quellen und frische Seen, dich die himmelfarbenen
                                                        Flüsse kennenlernen,
dich alte Haine, der Ruhm der Lande;
dich werden die Druna, dich, die ungewissen Laufes ihre Ufer sprengt,
                                                                  die Druentia,
und die Alpenflüsse verehren, und er, der durch die doppelte Stadt
gleitet und dem ›Rechten Ufer‹ seinen Namen gibt, der Rhodanus;
dich werde ich den himmelfarbenen stehenden Gewässern und den
                                                          laut brausenden
Strömen empfehlen, dich der meeresgleichen Garumna.

ANHANG

ZUR TEXTGESTALT

Mosella: Abweichungen von Peiper (S. 118–141)
(Orthographie und Interpunktion nur in relevanten Fällen)

Vers	Peiper	Tusculum
18	quin *Peiper*	tum *Boecking* (cum *codd.*)
22	Subter labentis	subterlabentis
29	potis *Gronovius*	potes *codd.*
32	manamine *Gronovius*	munimine *codd.*
44	meatus?	meatus!
51	dira *Peiper*	cura *codd.*
57	introitu *Peiper*	intuitu *codd.*
68	patet ora *Peiper*	pictura *codd.*
108	laeta *Tross*	lata *codd.*
109	defrudarentur *cod. V*	defraudarentur *codd. GBRL*
129	nec dum	necdum
132	geminis maior *cod. G*	maior geminis *codd. XBRLF*
139	deprensa *Lachmann*	defensa *codd.*
146	exundat *Peiper*	fundit *codd.*
206	⟨*lacuna Tollius*⟩ transire diem *codd.*	⟨*sine lacuna*⟩ transitque dies *Hosius*
208	Quales *Peiper*	tales *codd.*
218	quales *codd.*	qualis *Accursius*

Vers	Peiper	Tusculum
218	spectante *ed. Lugdun.*	spectata *codd.*
221	amnis *codd.*	amnisque *Barthius*
248	convexa *Vinetus*	conexa *codd.*
257	raptis *Peiper*	fractis *codd.*
306	Marcei *codd. GB* (margei)	Marci *Pulmann*
340	spirante *Heinsius*	exspirante *codd.*
358	Ponto	ponto
362	cerealia	Cerealia
post 379	⟨lacuna⟩ *Accursius*	*lacuna superflua*
384	serena *codd. GR*	severa *codd. BL*
426	hinc *cod. G*	mox *codd. RBL*
433	pandet *Peiper*	fundet *codd.*
452	munera *cod. G*	tempora *codd. RBL*
455 f.	muris; | Addam	muris | addam, *Dräger*
464	concedes *Scaliger*	concedet *codd.*
465	Tarnen *codd. GBR*	Tarnem *ed. Lugdun.*
468	Numine *ed. Lugdun.*	nomine *codd.*
474	camenae	Camenae
475	musis	Musis

ERLÄUTERUNGEN

Erläuterungen zur Mosella

V. 1–22: PROÖMIUM: FIKTIVE REISE DES AUSONIUS VON BINGEN ÜBER DIE NAHE DURCH DEN HUNSRÜCK NACH NEUMAGEN AN DIE MOSEL

1–22: Gegliedert in V. 1–11 (4 + 7 Verse) und V. 12–22 (11 Verse), nachgebildet der Unterwelts-Wanderung des Aeneas vom Acheron (Grenzfluß in der Unterwelt, hier: die Nahe) durch den Tartarus (Totenreich, hier: der Hunsrück; Dumnissus als ›Unterweltsstadt‹, s. zu 7f.) ins Elysium (›Gefilde der Seligen‹, hier: das Moseltal) bei Vergil, *Aeneis* 6,268–678, sowie Aeneas' Ankunft in Latium (6,2). Schon wegen der Distanz Vincum – Noiomagus (Luftlinie über 70 km) ist eine (eintägige) Wanderung (mit V. 1 *Trans-ieram* und 7 *praeter-eo* vgl. Vergil, *Aeneis* 6,268 *Ibant*), zumal durch unwegsames Gelände (V. 5 *per avia*), unrealistisch. Zur Irrelevanz der Stelle für eine Datierung der *Mosella* und für historische Schlüsse siehe die Einführung (3.4.: »Abfassungszeit der *Mosella*«). – Die Aufteilung der Verse 1–11 in 4 + 7 ist die Umkehrung des ersten Drittels des *Aeneis*-Proömiums (1,1–11: 7 + 4 Verse); die dreimal elf Verse des *Aeneis*-Proömiums (1,1–33) hat Ausonius auf zweimal elf reduziert.

V. 1–4 ergeben das Telestichon [aus den Endbuchstaben von Versen gebildete Wort] *M-O-S-AE* bzw. *M-O-S-E* (*e* = *ae*): Ausonius huldigt (Dativ: ›der *Mosa*, für die *Mosa*‹) der *Mosa* (Maas, frz. Meuse, 925 km), von deren Namen der der *Mosella* (545 km) als Diminutivum (›kleine Maas‹) abgeleitet ist – wie die *Mosella* später dem *Rhenus* (vgl. V. 416–437) huldigen wird.

1–4 Bingen und die Nahe

1 *Nava:* Die bei Bingen (*Vincum*) von Süden her (parallel zur Mosel) links in den Rhein mündende Nahe, über die dort eine nach Drusus benannte Brücke führte. – *nebelreich:* Der Beginn der Wanderung wird trotz deren fiktiven

Charakters in der Frühe (Nebel über Gewässern) angesetzt (somit ist *nebuloso flumine* ein *ablativus absolutus*, nicht ein – eine ständige Eigenschaft ausdrückender – *ablativus qualitatis*, der parallel zu attributivem *celerem* nur schwer erträglich wäre).

2 *Vincum:* das heutige Bingen, am rechten, östlichen Ufer der Nahe unterhalb ihrer Mündung in den Rhein gelegen (auf dem linken Ufer befand sich ein Kastell, das jetzige Bingerbrück). Die 13 v. Chr. von Drusus befestigte, 355 n. Chr. von den Germanen zerstörte Ansiedlung war 359 vom späteren Kaiser Iulian (361–363) mit Mauern gesichert worden, die jetzt zu Valentinians Grenzbefestigung gehörten. Die alte Streitfrage, auf welchem Nahe-Ufer das antike Vincum lag, kann mit dem bisher nicht herangezogenen literarischen Vorbild zugunsten des rechten entschieden werden, s. zu V. 4.

3 *Cannae:* Anspielung auf die vernichtende Niederlage (216 v. Chr.) der Römer bei Cannae am Aufidus in Apulien gegen Hannibal im Zweiten Punischen Krieg. – *latinisch:* römisch.

4 Bei Vincum schlug 71 n. Chr. im Bataver-Aufstand Vespasians General Sextilius Felix die Treverer unter Iulius Tutor, der die Nahebrücke zu seinem Schutz zerstört hatte. – Wenn über 300 Jahre nach der Schlacht die zur Strafe für die Empörung unbestattet gelassenen Leichen noch *hilflos*, d. h. der Bestattungszeremonien bedürftig (*inopes*), dort liegen, ist das keine rhetorische Übertreibung, sondern durch das literarische Vorbild bedingt: mit *infletae ... inopes* (*unbeweint ... hilflos*) vgl. Vergil, *Aeneïs* 6,325 *inops inhumataque* (»hilflos und unbestattet«) und 6,313–336: die Seelen der noch Unbegrabenen, die die trüben Unterweltsflüsse Acheron, Cocytus und Styx nicht überqueren dürfen (vgl. V. 1: *schnelle Nava*, d. h. Sand und Schlamm mit sich führende). Somit lag Vincum wie heute auf dem rechten, östlichen Ufer; das zeitlich ambivalente Deponens-Partizip *miratus* (V. 2, *voller Bewunderung*) ist nicht modal-begleitend (»unter Bewunderung«, so *mirata* 229), sondern wirklich vorzeitig (»nachdem ich ... bewundert hatte, wo ... unbeweint die Scharen ... liegen«); auch hat die Reise nur so in Vincum den (nötigen) Ausgangs- und im linken Nahe-Ufer Zielpunkt (vgl. das *Iter Brundisinum*, Horaz, *Sermones* 1,5,1 *Egressum magna me accepit Aricia Roma*, ›Abgereist aus dem großen Rom, empfing mich Aricia‹).

5–11 Reise durch den Hunsrück

5 f. Die dichten und dunklen Wälder (vgl. V. 14 f.) des damals nur dünn besiedelten Hunsrücks, der literarisch dem Tartarus entspricht (Vergil, *Aeneïs* 6,154; 268–636).

7 f. *Dumnissus:* das in einer wasserarmen Gegend liegende Kirchberg an der Rö-

merstraße Mainz - Trier, deren Reste noch heute sichtbar sind (Hunsrückhöhenstraße); sein Name (*Dumno* auf der *Tabula Peutingeriana*) lebt im benachbarten Denzen fort. Der Name Dumnissus kommt aus dem Gallischen (*dubnos/dumnos*; idg. **dheub-* ›tief‹) und bedeutet ›tief, unten, Unterwelt‹ (Xavier Delamarre: Dictionnaire de la langue gauloise, Paris 2001, S. 127); er bezieht sich wohl auf die Lage des Ortes (›tief‹ in einer Senke, was für Denzen paßt [s. Hosius S. 26], oder ›tief‹ im Wald?); wohl wegen dieser Etymologie ist er von (dem Gallier) Ausonius bewußt gewählt, statt z.B. des prosodisch äquivalenten (Silbenfolge lang-lang-kurz bzw. wegen des folgenden *riguasque* positionslang) bekannteren *Belginum*.

8 *Tabernae* (»Buden, Läden, Schenken«): beliebter Name; entweder das *Belginum* bei Wederath/Hinzerath am Stumpfen Turm oder Heidenpütz südlich von Bernkastel-Kues.

9 *Sauromaten:* Gemeint ist die Ansiedlung von Sauromaten/Sarmaten (Sammelname für scythische Völker in Osteuropa nördlich der Donau) als ›Kolonen‹ (*coloni*) in der römischen Provinz, z.b. durch Constantinus (334), Constantius II. Sarmaticus (358) oder Valentinian (365). Sprachlich erinnert an *Sauromaten* z.B. der Ort *Sohren* bei Kirchberg.

10f. *Noiomagus:* gewöhnlich Noviomagus, das heutige Neumagen, an der Mündung der Dhron (V. 365 *Drahonus*) in die Mosel; östlich von Noviomagus erstreckte sich die (in ihrem Verlauf nicht genau feststellbare) Grenze zwischen den Provinzen *Gallia Belgica prima* (Hauptstadt Augusta Treverorum/Trier, V. 24) und *Germania superior* (Hauptstadt Mogontiacum/Mainz). *Noviomagus* war von Constantinus (306–337), der es zwischen 306 und 312 erobert hatte, zur Festung (*castra*) ausgebaut worden, aus deren Ummauerung die Neumagener Grabreliefs (z.B. Weinschiff, Schulszene) stammen; ein Plan bei Hosius S. 28, Photo eines Modells bei Heinen S. 296. – Zum Vergleich mit Vergil siehe zu V. 12–22.

11 *verewigten (divi,* »Gottes, göttlichen«): Der Begriff *divus* blieb auch in christlicher Zeit in der Titulatur verstorbener Kaiser. Mit *Constantini* endet die erste Hälfte des Proömiums gewichtig (vier lange Silben, *versus spondiacus*); siehe zu V. 342, 452); zum pointierten Ende der zweiten Hälfte siehe zu V. 22.

12–22 Ankunft an der Mosel

12–22 Literarisch-sprachliches Vorbild für die Ankunft an der Mosel in Noiomagus an der Provinzgrenze (*primis ... oris*), ebenso für den Vergleich mit Ausonius' Heimatstadt Burdigala/Bordeaux an der Garumna/Garonne in Aquitanien, ist neben Aeneas' Ankunft im Elysium (*Aeneis* 6,638–641, bes. 640f. *largior hic campos aether et lumine vestit | purpureo, solemque suum, sua sidera norunt* »reichlicher umhüllt hier der Äther die Gefilde und mit purpurfarbenem Licht, und ihre eigene Sonne, ihre eigenen Gestirne kennen sie«) auch seine Ankunft in Italien (6,2 *et tandem Euboicis Cumarum adlabitur oris* »und endlich gleitet er an die euböischen Küsten von Cumae«: siehe zu V. 215–219 und 300–302).

12 f. *Phoebus* (»der Strahlende«): Beiname Apollos als des Sonnengottes, der (V. 13) im *Olymp* (Himmel) wohnt.

18 f. Erste Erwähnung von Ausonius' Heimatstadt Burdigala an der Garumna, die der Mosella (V. 22) entspricht (siehe zu V. 483). – Andere (weniger überzeugende) Möglichkeit der Wiedergabe: »Nach der Weise und der Pracht (»after the manner and appearance«, Green) meiner Vaterstadt ... beeindruckte mich damals alles mit ...« Ausführliches Lob Burdigalas (41 V.) siehe im *Ordo urbium nobilium* 20.

21 *Bacchus:* Gott des Weines (griech.: Dionysos), der hier (wie V. 25 und Lyaeus V. 158; 162) metonymisch für sein Produkt steht. Der in der *Mosella* an dieser Stelle erstmals erwähnte Weinanbau geht bis ins 2. Jh. n. Chr. zurück.

22 An pointierter Versstelle (letztes Wort des 1. Abschnittes aus 4 + 7 = 11 Versen) erste Erwähnung des Flußnamens, der als ›kleine Maas‹ von *Mosa*, dt. Maas, abgeleitet ist (vgl. zu V. 1–22 zum Telestichon V. 1–4).

V. 23–47: BEGRÜSSUNG UND ALLGEMEINE BESCHREIBUNG DER MOSEL

23 Dem Gruß an die Mosella zu Beginn entspricht der Abschiedsgruß gegen Ende, V. 381. – *gelobt*: wegen der Bewässerung.

24 *Stadt* (*moenia* »Mauern«): Trier/Augusta Treverorum, älteste Stadt Deutschlands, gegründet 16 v. Chr. von Augustus und nach ihm benannt, seit Constantin Hauptstadt (zu V. 380) der Provinz Gallia Belgica prima.

27–32 Fast spiegelbildliche Reihenfolge V. 27–32: Meer, Fluß, See, Bach, Quelle – Quelle, Bach, Strom, See, Meer (abcde – edbca), dazu im 1. Teil Klimax (mit Gesetz der wachsenden Glieder): zweimal *ut* (»wie«), *imitate* (»nachahmen«), *aequiperare* (»gleichkommen«), *praecellere* (»übertreffen«). Zur Erklärung der überlieferten Lesart V. 32 *munimine* (bei Ebbe/Flut ›in zwei Richtungen Durchlaß gewährende Mole‹ zwischen Lucrinersee und Tyrrhenischem Meer) statt des lateinisch nirgends belegten *manamine* (»Fließen«) s. Görler S. 163–165 (vgl. schon John, Mosella, Nachtrag S. 134).

36–38 Die Mosel hat, wenn auch unbedeutende, Inseln (z. B. bei Trier); Ausonius spricht sie ihr ab, weil sie ihr vermeintlich das Anrecht auf die Bezeichnung *Fluß* nehmen.

ERLÄUTERUNGEN ZUR MOSELLA 57

39–44 *doppelte Wege:* stromabwärts durch Rudern (V. 39f.); stromaufwärts durch Treideln (Flußaufwärts-Ziehen der Schiffe mit Schleppseilen von Leinpfaden an den Ufern aus), abgebildet z. B. auf der Igeler Säule (Hosius hinter S. 32). Im Lateinischen malt der schwere spondeische Rhythmus der V. 41–42 die Mühe des Schleppens, während die Daktylen des V. 40 die Leichtigkeit der Fahrt flußab unterstreichen.

43f. Die natürliche (*gesetzmäßig*) Strömung verläuft zur Verwunderung der Mosel langsamer als das Treideln stromaufwärts (*Gegenströmung im Fluß*). Aus rhythmischen Gründen gehört *beinahe* (V. 44 *prope*) zu *legitimos* (*gesetzmäßig*), nicht zu *putas* (*du glaubst*). – Ausonius schreibt dadurch der Mosel wie einem Meer Ebbe und Flut zu.

45 *Sumpfgras* (*ulvis*): V. 122 (*ulva*) und 139 (*ulvis*) hat die Mosel (anderes) Sumpfgras, siehe zu V. 139.

V. 48–76: LOB DES KLAREN WASSERS DER MOSEL

48 *phrygische Platten:* weißer, mit roten Adern und Flecken durchsetzter Marmor aus Sýnnada in der kleinasiatischen Landschaft Phrygien.

51 *der verschwenderischen Neffen* (*nepotum*): Vom Neffen, dessen einziger Eifer (*cura* »Sorge«) darauf zielt, das Erbe seines (kinderlosen) Onkels (*patruus*) bis zum letzten Rest unbekümmert durchzubringen, bekommt *nepos* auch die Bedeutung ›Verschwender‹. Das überlieferte *cura* braucht mit Blick auf die Oxymora *laeta ... iacturis* und *cura (laeta)que ... luxuriatur egestas* (V. 52) nicht geändert zu werden.

54 *nicht halten ... bleibend fest:* Es ist an festen, schlammlosen (V. 46), nicht an feuchten Sand/Kies zu denken.

57 Der überlieferte Text (*intuitu* »Einblick«, »Sicht«; *obtutibus* »Blicken«, »Sehen«) braucht nicht geändert zu werden; Ausonius liebt die Wiederholung synonymer Ausdrücke, auch desselben Stammes, sogar desselben Wortes (*profundo/profundi* V. 55/60).

62 *Bilder* (*figuras*): eigentlich »Formen, Figuren, Gestaltungen, Gebilde« (vgl. Petron 34,9), näher ausgeführt durch die beiden folgenden (V. 63f.) Objektsätze mit *quod* (»daß«, »wie«); wenn man *figuras* mit Green auf die (erst V. 76 eingeführten) Fische bezöge, würde das Änderungen in der Interpunktion (Punkt hinter V. 61 *aquarum*) und Syntax (*quod*-Sätze als Subjektsätze: »Die Tatsache, daß der Sand ... gekräuselt wird, daß sich ... die Gräser biegen ..., verrät Gestalten«, d.h. verrät die Fische) erforderlich machen. – *hingestreut im ... Licht:* oder »vom ... Licht bestreut« (d.h. »beschienen«).

68 *caledonische Britannier:* Caledonien ist der nördliche Teil Britanniens (etwa

das heutige Schottland), wo es allerdings keine Korallen gibt. – Der überlieferte Text braucht nicht geändert zu werden; (nicht erkannte) Vorlage könnte sein Valerius Flaccus 6,411f.: *Libyco nec talis imago | litore, cum fractas involvunt aequore puppes* (»und nicht so ist das Bild an der libyschen Küste, wenn sie [Südwinde] zerborstene Achterdecks durch das Meer überfluten«).

72 In der Sichtweise des Ausonius ahmt die Natur Menschenwerk nach.

73 *heiteren* (*laeta*): oder »üppigen, fruchtbaren« (vgl. V. 71 *locupletibus*).

V. 77–149: DIE FISCHE DER MOSEL

77–84 Proömium mit ›Musenanruf‹

78 *flußaufwärts:* d. h. die übliche Schwimm- und Standrichtung eines (gesunden) Fisches – ein treffendes Beispiel für Ausonius' Realismus.

80f. Bei der mythischen Teilung der Welt unter die drei Söhne des Kronos/Saturnus (schon Homer, *Ilias* 15,187–193) erhielt Zeus/Iuppiter den Himmel, Poseidon/Neptun (Inhaber des *Dreizacks*) das Meer und Hades/Dis die Unterwelt; die Erde wurde Gemeinbesitz aller drei.

82 *Naiade:* Wassernymphe (siehe auch V. 171). Ausonius ahmt vor dem Fischkatalog die Anrufung einer Muse (siehe V. 390f.) oder Gottheit durch epische Dichter nach, wählt aber eine geringere und seinem Thema angemessene.

85–149 Fischkatalog: Im Fischkatalog werden in 65 Versen unter zumeist kulinarisch-gastronomischen (vgl. Hunink) Gesichtspunkten (7 + 7 + 1 =) 15 Fische in kunstvoller Anordnung (3 + 1 + 1 + 1 + 6 + 9 + 9 || + 5 + 5 + 1 + 1 + 1 + 3 + 4 || + 15 = 65 V.) aufgezählt. (Auch sprachliches) Vorbild (kein Hinweis bei Green) ist der Katalog der (gleichfalls) 15 Rebsorten in Vergils *Georgica* 2,89–108: Wie der Rebenkatalog Italien als das saturnische Land des Goldenen Zeitalters preist, so der Fischkatalog das nach Abwehr der Germanenstürme durch Valentinian wieder befriedete Moseltal zwecks Neubesiedlung (siehe die Einführung 3.1.: »Gliederung, Inhalt und literarische Form der *Mosella*« und die Abbildung »Fisch-Technopaignion«; Dräger, Vom Wein zum Fisch). Abbildungen der 15 Fische (nach Smolian, Kurt: Merkbuch der Binnenfischerei. Herausgegeben von der Fischereiförderung G.m.b.H. Berlin, Berlin 1920) finden sich in Dräger, Mosella S. (76) 77–80.

85–87 Fisch 1 (3 Verse): *capito*, Döbel (auch Aitel, Großkopf), *Leuciscus cephalus* L. (Linné); wegen seines Namens (von *caput* »Kopf«), nicht seiner auffallend gelben Farbe wegen, an die Spitze des Katalogs gestellt, siehe auch zu V. 135 zum

ERLÄUTERUNGEN ZUR MOSELLA 59

letzten Fisch. – Die Übersetzung verwendet für alle Fischarten die heute gültigen Gattungs- und Artnamen (nach Kinzelbach, Stör oder Wels, und Jens); siehe S. 81 die »Tabelle der bei Ausonius genannten Arten der Moselfische« (die luxemburgischen Namen bei Bruch sind teilweise anders).
88 Fisch 2 (1 Vers): *salar*, Bachforelle, *Salmo trutta f. (=forma) fario* L.; siehe auch V. 129.
89 Fisch 3 (1 Vers): *rhedo*, Neunauge, *Petromyzon marinus* L. (Meerneunauge) und/oder *Lampreta fluviatilis* L. (Flußneunauge).
90 Fisch 4 (1 Vers): *umbra*, Äsche, *Thymallus thymallus* L. – Der lateinische Vers unterstreicht durch seinen rein daktylischen Rhythmus und die Juxtaposition (Nebeneinanderstellung) von *celeri levis* (»schnell, flink«) zusammen mit dem Fischnamen (»Schattenfisch«, von *umbra* »Schatten«) den Inhalt (schnelle, schattengleiche Bewegung).
91–96 Fisch 5 (6 Verse): *barbus*, Barbe, *Barbus barbus* L.; siehe auch zu V. 131–134.
91f. In Konz (*Contionacum*), Stadtteil Konzerbrück, an der Mündung der Saar (*Saravus*; vgl. V. 367–369) in die Mosel (V. 93 *Strom von größerem Ruf*) gelegen, führt auch heute eine Brücke über die Saar kurz vor ihrer Mündung, vermutlich an der Stelle der (nach Ausonius, Direction S. 33 erst 1675 zerstörten) Römerbrücke, die Ausonius wohl aus eigener Anschauung (siehe zu V. 367–369) beschreibt; die *zweimal drei Mündungen* lassen sich somit doppelt beziehen.
95 *besser in schlimmerer* (*melior peiore*): Die Juxtaposition unterstreicht das Paradoxon (besserer Geschmack der Barbe in höherem Alter).
97–105 Fisch 6 (9 Verse): *salmo*, Lachs, Salm, *Salmo salar* L. – Zum möglichen Zusammenhang mit dem Flußnamen *Salmóna*/Salm siehe zu V. 366.
106–114 Fisch 7 (9 Verse): *mustela*, Quappe, *Lota lota* L. Da die Quappe (*mustela*) bereits zur präglazialen Fischfauna Europas und damit schon zu Ausonius' Zeit zu den ›Ureinwohnern‹ Mitteleuropas und so auch der Mosel gehört, handelt es sich in V. 108 (*in nostrum subvecta fretum*) um keine Fischbesatzmaßnahme; *subvecta* ist nicht passivisch (Green: »with human help«), sondern medial-intransitiv (*stromaufwärts geführt/gezogen*) zu verstehen: Ihr anadromer Lebenszyklus treibt die Quappe als kalt-stenotherme Form (Winterlaicher) von Dezember bis März zum Laichen (z.B. vom Rhein her) die Mosel stromaufwärts. Mit dieser Erklärung fallen politische Anspielungen (Huldigung Valentinians: John, Mosella S. 92) weg, siehe die Einführung (3.3.: »Intention der *Mosella*«). – Die etymologische Zusammenhang mit *mustela* (»Marder, Wiesel«) liegt in der Ähnlichkeit der Barteln des Fisches mit den Schnurrhaaren (μύσταξ, mýstax, »Schnurr-, Schnauzbart«, frz. *moustache*) des Nagers.
106 Die Donau, im Oberlauf lat. *Danubius* oder *Danuvius*, im Unterlauf in *Illyricum* (Donauländer) nach griech. Ἴστρος (Ístros) lat. *Hister* oder *Ister* genannt (doch siehe V. 424 mit Anm.).

110–112 Der *Rücken* der Quappe ist schwarzgepunktet; um die Punkte ringeln sich *goldgelbe* (nach der Pflanze/Schwertlilie Iris) Kreise; darüber liegt eine blauviolette (*himmelfarbene*) Schleimschicht (*glitschig*).
115–119 Fisch 8 (5 Verse): *perca*, Barsch, *Perca fluviatilis* L.
117 *puniceis … mullis:* wohl *Mullus barbatus* L., Rotbarbe, Rote Meerbarbe (aus der Familie der *Mullidae*, Meerbarben, zu der auch noch der *Mullus surmuletus* L., Streifenbarbe, Gestreifte Meerbarbe, gehört). Verbreitungsgebiet der Meerbarben: Mittelmeerküsten und Küsten der Nordsee und Westenglands. Wie hier die Meerbarben, wird V. 137 noch der Delphin im Vergleich genannt.
120–124 Fisch 9 (5 Verse): *lucius*, Hecht, *Esox lucius* L., homonym mit dem lateinischen Vornamen *Lucius*, was Anlaß zu einem Scherz gibt.
122 *Sumpfgras* (*ulva*): siehe zu V. 139.
125 Fisch 10 (1 Vers): *tinca*, Schleie, *Tinca tinca* L.
126 Fisch 11 (1 Vers): *alburnus*, Laube, Ukelei, *Alburnus alburnus* L.; abgeleitet von *albus*, »weiß« (daher im Lateinischen Farbkontrast zur grünen Schleie), noch heute an der Mosel Alven (»scheele Alven«, »Schehlalf«) genannt, andernorts Blecke oder Blinke.
127 Fisch 12 (1 Vers): *alausa*, Maifisch, *Alosa alosa* L. – Zukost (*opsonium*): d. h. zum Brot (besonders Fisch).
128–130 Fisch 13 (3 Verse): *sario*, Meerforelle, *Salmo trutta* L. Die Darlegung, die Meerforelle (*sario*) bilde eine Art ›Übergangsstadium‹ von der Bachforelle (*salar*) zum Lachs (*salmo*), ist biologisch zweifelhaft; sie ist eine der Forelle noch näher als dem Lachs verwandte, zeitweise ins Meer abwandernde Art.
131–134 Fisch 14 (4 Verse): *gobio* (seltener *gobius*), Gründling, *Gobio gobio* L. – »Mähne«: scherzhaft für die vier Barteln an der oberen Kinnlade der – nach ihrem »Bart« (*barba*) auch benannten – Barbe (Nr. 5, oben in V. 91–96 nicht erwähnt). – schnauzbärtig (*propexi* »nach vorn gekämmt«): mit Bezug auf die Barteln in den Mundwinkeln (in jedem eine) des Gründlings. – Der Satz V. 131–134 ist im Lateinischen ohne Prädikat locker gefügt.
135–149 Fisch 15 (15 Verse): *silurus*, Stör, *Acipenser sturio* L. (nicht Wels, wie nach Tross, Corpet, Evelyn White, Jasinski, Besser, Ausonius, Direction, Thompson [S. 233–237, bes. 235], Greve und Ternes trotz Schäfer, Böcking, Hosius, Pastorino, Herzhoff und Kinzelbach fälschlich immer noch Weis, Green und Schönberger; schwankend Bruch, S. 26). Ausonius nennt den noch heute für den Wels geltenden Namen (*Silurus glanis*; vgl. Plinius, *Naturalis historia* 9,45; Kinzelbach, Stör S. 171f.), beschreibt aber offensichtlich den Stör, einen anadromen Wanderfisch, siehe die zoologischen und zoogeographischen Argumente nach Schäfer (S. VI–XIV) bei Herzhoff und Kinzelbach, Stör oder Wels. – Der *silurus* (von οὐρά, ourá) bildet den ›Schwanz‹ des Kataloges wie der *capito* (Nr. 1) den ›Kopf‹, steht dazu als größter Fisch

im Kontrast zum vorangehenden kleinsten (Gründling). Der Name *silurus* kommt nach Athenaios 6,287b »vom ständigen Schwingen [σείειν, seíein] des Schwanzes«, also »Schwanzschwinger«; nach Herzhoff S. 204 von lat. *silus* »stupsnäsig« (griech. nicht belegt), »mit aufwärts gekrümmtem Schwanz«, d.h. (analog zu »Stupsnase«) »Stupsschwanz«, von der unsymmetrischen, d.h. dorsal heterozerken Schwanzflosse (»Die Wirbelsäule läuft nicht waagerecht bis zur Schwanzflosse, sondern richtet sich auf und geht in den stark vergrößerten oberen Flossenlappen hinein.«).

136 *mit actäischem Öl:* d.h. mit dem Öl attischer Oliven (griech. ἀκτή, akté, ›Küste‹: alter Name Attikas).

137–140 Vgl. Kinzelbach, Stör oder Wels S. 227: »Unser Fisch bewegt sich kraftvoll gleitend sowohl in der Strömung der flachen Furten [*brevibus ... vadis*, doch s. gleich] als auch in den Stillwasserzonen mit submerser Vegetation [*fluminis ulvis*, doch s. gleich]. Dies zeigt den wandernden Stör eher als den ortstreuen, nachtaktiven Wels. ›tranquillos moliris in amne meatus‹ ruft die Schwimmbewegungen des Störs ins Gedächtnis, wenn man ›meatus‹ hier nicht als Weg des Tieres, sondern als die sinusförmige Bewegung seiner Wirbelsäule betrachtet, die eine erhebliche Kraft freisetzt, die in ›moliris‹ mitschwingt; wird doch hier die schnellere Fortbewegung [Längsrichtung!] beschrieben, im Gegensatz zu den davorstehenden Zeilen [Querrichtung!].« – Doch V. 139 *brevia vada* können keine »seichten Stellen« (»flache Furten«) sein, denn zu solchen paßt – das im übrigen neben *vix* von Kinzelbach auch unberücksichtigte – *defensa* weder in der Bedeutung ›verteidigt, geschützt‹ (so unten V. 242) noch in der auch möglichen (s. unten) ›gehindert‹ (gerade an seichten Stellen müßte der Fisch sich ja langstrecken), sondern *brevibus ... vadis* (»durch das schmale Gewässer behindert«) ist offensichtlicher Gegensatz zu V. 138 *longi ... corporis*: Für das Schwimmen in Querrichtung, d.h. von Ufer zu Ufer, zumal bewachsenem (*ulvis* zur Betonung ›chiastisch‹ zu *brevibus*), ist der (ansonsten ›breite‹ bzw. ›weite‹: *lata*, 108) Fluß für den (Herzhoff S. 201:) bis zu sechs Meter ›langen‹ (*longa*) Fisch ›(zu) kurz‹, d.h. ›(zu) schmal‹ (*brevibus*; so Ovid, *Epistulae* 18,174 *brevis aqua*, ›schmales Wasser‹, mit Gegensatz 173 *latum aequor*, ›breite Meeresfläche‹; 19,142 *brevis unda*, ›schmales Gewässer‹, mit Gegensatz 141 *latum mare*, ›breites Meer‹; Valerius Flaccus 2,614: Hellespont). Daher kann er seine Windungen nicht ›geradestrecken‹ (*solvere*, ›auflösen‹, d.h. ›lockern, glätten‹), im Gegensatz (*at*, 140) zum Schwimmen in der Längsrichtung; *vadum* ist synonym mit ›Fluß, Gewässer‹, und *defensa* hat, ohne nach Claudian, *In Eutropium* 2,430 (*iam brevibus deprensa vadis*, ›schon durch das flache Wasser behindert‹) in *deprensa* (›behindert‹) geändert werden zu müssen, seine Grundbedeutung (*de-fendere*, ›wegstoßen, abwehren, Einhalt tun‹; so Tacitus, *Annalen* 15,38,7

[Brand Roms] *nec quisquam defendere audebat*, ›und niemand wagte, [dem Feuer] Einhalt zu tun‹; Sueton, *Nero* 43,1).
139 *Sumpfgras* (*ulvis*): muß hier (submerse Vegetation) und V. 122 (*ulva* »Sumpfgras«) etwas anderes sein als die V. 45 der Mosel abgesprochenen *limigenae ulvae* (»schlammentsprossenes Sumpfgras«).
147 Die Uferhöhen (siehe V. 154f.) befürchten, durch das Ansteigen des Wassers kleiner zu erscheinen.

V. 150–168: PREIS DER WEINBERGE UND WINZER

150–156 Der Blick von den Fischen in der Tiefe zu den Rebenhöhen ruft das literarische Vorbild von Ausonius' Fischkatalog, Vergils Rebenkatalog (*Georgica* 2,89–108), in Erinnerung, siehe die Einführung (3.1.: »Gliederung, Inhalt und literarische Form der *Mosella*«; Dräger, Vom Wein zum Fisch).
153 *die Bacchus-Gaben:* Gemeint ist der Wein.
156 Vergleich der an den Uferbergen in Zeilen wachsenden Reben mit den ansteigenden Sitzreihen eines Amphitheaters (vgl. 152 *spectacula, pompam*, 169 *scaena*); vgl. das ›Amphitheater‹ bei Piesport a. d. Mosel.
157–160 Drei Weinbaugebiete des (Nord-)Ostens, d. h. Thraciens (Rhodope, Pangaeus, Ismarus) sind gerahmt von je einem des Südens, d. h. Italiens (Gaurus) und Westens, d. h. Galliens (Garumna/Garonne).
157 *Gaurus* (*gauranische Höhe*) wie Massicus und Falernus, Berge einer Gebirgskette am Golf von Neapel in Campanien (vgl. V. 209 mit Anm.), die alle wegen ihrer Weine berühmt waren.
158 *Rhodope:* Gebirge mit Weinanbau in Thracien auf dem nördlichen Balkan.
158 *Pangaeus:* Berg in Südthracien; als weintragend vorgestellt wohl nur wegen seiner Nähe zum Rhodope-Gebirge (s. vorige Anm.).
158, 162 *Lyaeus* (Λυαῖος, Lyaíos): gedeutet als »(Sorgen-)Löser«, Beiname des Weingottes, der metonymisch für den Wein steht.
159 *Ísmarus* (*der ismarische Hügel*) Berg in Thracien, seit dem Kikonen- und Polyphem-Abenteuer der *Odyssee* (9,39–61; 105–564) für seinen Wein bekannt. – *Thracisches Meer:* Nordteil der Ägäis.
160 *Garumna:* die Garonne, an der Ausonius' Heimatstadt Burdígala (V. 19) liegt, mit dem noch heute bekannten Bordeaux-Wein. – *meine Weinberge:* nicht die eigenen, sondern die heimatlichen.
161 Zur Konstruktion (s. Hosius): *in ultima clivi summis iugis tendentis*. Andere Konstruktion bei Green: »up to [?] the topmost peaks [*summis ... iugis*] of the slope [*clivi*] that stretches into the far distance [*tendentis in ultima*].«
165/167 *mit törichtem Geschrei:* Gemeint ist der (ohne ›Text‹ und Sinn erfol-

gende) Kuckucksruf, mit dem säumige Winzer geneckt wurden. – Das das Echo malende lateinische Homoioteleuton (gleiche Endung, Reim) zwischen *clam-oribus* (»Geschrei«) V. 165 und *cult-oribus* (»Landbebauer«) V. 167 wurde im Deutschen durch »hallt« – »Wald« (wohl die Weinstöcke; V. 167f.) wiederzugeben versucht.

V. 169–188: GOTTHEITEN UND IHRE SPIELE IM WASSER

170 *Satyrn:* übermütige Mischwesen aus Pferd und Mensch (ähnlich den Centauren), Begleiter des Bacchus, auf Vasenbildern meist mit erigiertem Phallós dargestellt; fast identisch mit den hier (V. 172) im Plural auftretenden *Panen* (Pan: ziegenbeiniger arcadischer Hirtengott) und (V. 177) *Faunen* (römischen ländlichen Gottheiten). – *Naiaden:* siehe V. 82 mit Anm. – Satyrn, Nymphen und Naiaden sind häufig auf den Neumagener Steindenkmälern (siehe zu Vers 10f.) abgebildet.

176 *Oreiaden:* Bergnymphen.

176 *Pánope:* Tochter des Nereus (s. V. 281 mit Anm.), seit Homer, *Ilias* (18,45) Meeres-, hier Flußnymphe. Die traubennaschende Panope V. 175f. stammt aus Statius, *Silvae* (»Wälder«) 2,2,100–103, einer Vorlage des Ausonius (siehe zu V. 321–334).

178–188 Geschildert ist die ›Stunde des Pan‹ (Geisterstunde).

V. 189–199: SPIEGELUNG DER REBENHÄNGE IM WASSER

Vgl. John, Mosella S. 96: »Die Reize der Wasserspiegelung beim Glanz des Abendsternes bilden ein feines Kabinettstück literarischer Nachahmung, und der in seinem Kahn träumerisch das Gefühl für Wirklichkeit und Schein verlierende Schiffer ist hübsch hineinkomponiert.« – Siehe auch zu V. 197.

189 *offen:* Gegensatz zu den vorhergehenden drei Versen 186–188 mit ihrer Betonung des Verborgenen.

192f. *Hesperus:* seit Homer (*Ilias* 22,318) der Abendstern.

197 Der Vers unterstreicht durch seinen daktylischen Rhythmus den leicht und träumerisch in seinem Nachen dahingleitenden Schiffer.

198f. Dreimaligem lateinischen *con-* (V. 198 *confundit,* 199 *confinia conserit*) für das Ineinanderübergehen der Bilder soll zumindest zweimaliges »ver-« in der Übersetzung entsprechen (»*ver*schmilzt, *ver*wischt«).

V. 200–239: RUDERWETTKÄMPFE AUF DER MOSEL MIT WASSERSPIEGELUNG

200–207 Ruderwettkämpfe

204–207 Der überlieferte Text *dum spectat transire diem* ließe sich zwar konstruieren, ihm würde aber ein Subjekt fehlen (*transire diem* dann: »den Tag verbringen«): »Während er ‹?› die munteren Lenker … übermütig gestikulieren und die jugendliche Schar, auf des Stromes Rücken kreuzend, den Tag verbringen sieht, stellt er …«). Einen Versausfall schließe ich aus übergeordneter Sicht (›versiegelte‹ Gesamtzahl 483) aus.

208–219 Vergleich mit Schiffswettkämpfen bei Cumae

209 *Liber* (lateinischer Name des Weingottes) blickt von den Bergen auf das Meer bei Cumae (siehe zu V. 215–219), den Golf von Neapel, herab; diese Gegend ist Lieblingsaufenthalt des Liber wie auch der Venus. Der *Gaurus* (siehe V. 157 mit Anm.) heißt wegen seiner Nähe zum Vulkan Vesuv (V. 210 *Vesevus*) ›schwefelreich‹.

211–214 *Venus*, über ihren Sohn Aeneas und ihren Enkel Iulus Stammutter der *gens Iulia*, zu der auch Octavianus/Augustus gehörte, läßt die hier im Plural auftretenden Liebesgötter (*Amores*; im Singular ist Amor Sohn der Venus) die Schlacht bei Actium (31 v. Chr.) nachspielen, in der Octavian seinen Gegner Marcus Antonius, der von der *Nilflotte* Cleopatras unterstützt wurde, besiegte; das Vorgebirge Actium liegt im Ionischen Meer nördlich der Insel *Leucas*, in deren gleichnamiger Hauptstadt ein Apollotempel stand, den Augustus zum Dank für die Hilfe Apollos erneuerte, wie er auch zur Erinnerung an den weltgeschichtlich entscheidenden Sieg des Westens (Latium/Italien) über den Osten (Ägypten) die Actischen Spiele stiftete.

215–219 Bei *Mylae* und Naulochus in der Nähe des – als Zuschauer gedachten – Berges *Pelorus* an der Nordostspitze Siziliens schlug 36 v. Chr. Octavians Feldherr Agrippa den Sohn des Gnaeus Pompeius, Sextus Pompeius; diese Kämpfe werden von den Liebesgöttern auf dem durch die umgebenden Bäume grün erscheinenden *Avernersee* in der Nähe von Cumae nachgespielt, das zusammen mit Chalcis und Eretria auf Euböa (siehe V. 301, 346) im 8. Jh. v. Chr. vom kleinasiatischen Cyme (Kyme) aus gegründet worden war.

220f. Die mosellanischen *Jünglinge* (*Jugendkraft*) entsprechen den Liebesgöttern, der Moselstrom dem Meer von Cumae bzw. dem Arvernersee und die am Bug (*Schnabel*) buntbemalten bohnenförmigen (*phaseli*) Moselboote den *Schiffen* (V. 217; *Kähne*, 216) der Liebesgötter.

220–229 Wasserspiegelung der Ruderwettkämpfe

222 Der Titan *Hyperion*, Vater des Sonnengottes Helios (*Sol*), steht hier für den Sonnengott selbst.

223–229, 235 Fünfmaligem lat. *re(d)-* (V. 223 *red-dit*, 224 *red-igit*, 227 *re-fert*, 229 *red-ire*, 235 *re-ferenda*) für das Widerspiegeln entspricht in der Übersetzung fünfmaliges »zurück«/»wi(e)der« (vgl. noch *re-ferunt* »wiederholen« V. 216 und *re-parat* »erneuert wieder« V. 219 sowie V. 296f.).

225 f. Der Sinn der Verse ist nicht klar: *dextra laevaque* könnte auch heißen »mit der Rechten und Linken (Hand)«; *pondera* bezieht sich eher auf die Ruder (Tross, Corpet, Ostern, Greve) als auf das (verlagerte) Gewicht der Ruderer (Evelyn White, Jasinski, Pastorino). – Auch sind wohl eher mehrere Ruderer in einem Boot als je ein Ruderer in jeweils einem Boot gemeint.

230–239 Vergleich mit einem Spiegel

230 *ihre zurechtgemachten Haare zu zeigen:* So (mit Bezug auf das Mädchen) Blakeney; allgemein mit Bezug auf die Amme: ›im Begriff, ihr (der Pflegetochter) die zurechtgemachten Haare zu zeigen‹.

232 Zur Herstellung und Verwendung konvexer und konkaver) Spiegel aus Silber siehe Plinius, *Naturalis historia* 33,128–130.

V. 240–282: FISCHFANG AUF DER MOSEL

243–249 In sieben Versen werden drei Arten des Fischfangs geschildert:

243 f. Fischfangart 1: Fischfang mit Schleppnetzen (*everricula*) von einem Boot aus (daher V. 243 *procul ... trahens* »fern in der Mitte des Stromes«, zu verbinden, allenfalls noch »weithin, d.h. über eine weite Strecke«, nicht *medio procul amne* »fegt von fern, d.h. vom Ufer, aus der Mitte des Stromes«). In V. 244 (vgl. V. 281) *verrit* »fegt, kehrt (zusammen)«, liegt vielleicht eine Anspielung auf den räuberischen (vgl. V. 241 von den Fischern *populatrix turba*, »räuberischer Haufe«) Statthalter Siziliens, Verres, den schon Cicero (*In Verrem* 2,4,53) scherzhaft mit einem *everriculum*, »Auskehrer«, vergleicht.

245 f. Fischfangart 2: Fischfang mit Netzen, deren eines Ende am Ufer befestigt ist, das andere von Zeit zu Zeit mit einem Seil halbkreisförmig ans Ufer gezogen wird. Der *Kork* dient als Schwimmer und als Markierung.

247–282 Fischfangart 3: Angeln.

260 *tödlichen Geschossen:* d.h. den Sonnenstrahlen; Apollo als Sonnengott trägt deswegen einen Köcher.

267–269 »Auson vergleicht den auf- und zuklappenden Kiemen des Fisches mit dem Woll- oder Filzventil [...] an dem Luftloch des Blasebalgs, das bei seinem Aufziehen sich öffnend die Luft eintreten lässt, beim Niederdrücken sich an das Holzgestell aus Buchenholz fest anschliessend die Luft zwingt, durch die Mundröhre zu entweichen« (Hosius S. 59). Eine ausführliche Beschreibung bei Harald Fuchs, in: Museum Helveticum 32 (1975) S. 179f.

273–275 Der Erfolg der Fische (*potientes* »teilhaftig zu werden *vermochten*«) steht im Gegensatz zum Mißerfolg des Knaben (*impos* »nicht zu ertragen *vermag*«; an *impos* klingt seinerseits *impetit* an, was im Deutschen schon wegen der unterschiedlichen Bedeutung des *im-* nicht ausdrückbar ist). – 274 *von der Höhe:* vgl. 247 »von den Klippen aus«.

276–279 *Circe* hatte Gräser verzaubert, wohl weil *Glaucus* ihre Liebe verschmäht hatte; anders erzählt Ovid (*Metamorphosen* 13,904–14,74): Glaucus aus Anthedon in Böotien hatte beobachtet, wie von ihm gefangene Fische, als er sie auf bestimmte Gräser legte, wieder auflebten; nachdem er die Gräser selbst probiert hatte, sprang er in das *Carpathische Meer* (Teil der Ägäis, benannt nach der Insel Carpathus zwischen Creta und Rhodus) und wurde eine weissagende Meeresgottheit. Als Gott verschmähte er die Zauberin Circe zugunsten der Nymphe Scylla, woraufhin Circe das Wasser ihrer Badebucht vergiftete und Scylla in ein Meerungeheuer mit bellenden Hunden an der Hüfte (anders Homer, *Odyssee* 12,85–100) verwandelte, das schließlich zu einer Klippe wurde.

281 *Nereus* und *Tethys* (Frau des Oceanus), Meeresgottheiten, stehen hier metonymisch für die Tiefe (V. 280 *operti*) bzw. Oberfläche (V. 281 *aequoream, Tethys*) des Meeres selbst.

V. 283–348: LANDHÄUSER UND PALÄSTE AN DER MOSEL

Darin V. 300–320 (21 Verse) Katalog der Baumeister; V. 321–334 (14 Verse): *villae rusticae* »Landhäuser« (V. 284 *villae*); V. 335–348 (14 Verse): *Paläste* (V. 286 *praetoria*, 299 *praedia; villae urbanae*).

283–286 Einleitung

285 *sich ... in Biegungen schlängelnd:* zu den Mäandern der Mosel siehe zu V. 472.

ERLÄUTERUNGEN ZUR MOSELLA 67

287–297 Vergleich der Mosel mit dem Hellespont

287–291 *die Meerengen ... Europas und Asiens:* Gemeint ist der Hellespont (Dardanellen), der dreifach bezeichnet wird: 1. nach der Stadt *Sestus* auf der thracischen Chersones; 2. nach Helle, der Tochter von *Nephele* und Athamas, die, als sie mit ihrem Bruder Phrixus auf einem Widder mit goldenem Vlies vor ihrer Stiefmutter Ino floh, hier ertrank und dem Meer den Namen gab (Hellespont, gedeutet als Hélles póntos »Meer der Helle«); 3. nach Leander, einem Jüngling aus *Abydus*, das Sestus (europäische Seite) gegenüber an der kleinasiatischen Küste lag. In Sestus und Abydus spielt die Liebesgeschichte zwischen Hero und Leander, der beim Durchschwimmen des Bosporus (Heptastadion, d.h. 7 Stadien breit) ertrank (vgl. Musaios, *Hero und Leander*).
289 *Chalcedon* liegt (gegenüber Byzanz) auf der asiatischen Seite des Bosporus, über den der persische Großkönig Darius 513 v. Chr. bei seinem Zug gegen die Scythen eine Brücke baute (Herodot 4,83–89); gedacht ist vielleicht auch an die bekanntere Überquerung des Hellesponts vermittels einer Schiffsbrücke durch Darius' Sohn Xerxes bei seinem Zug gegen Griechenland 480 v. Chr. (Herodot 7,33–36).
292 *hier:* d.h. an der Mosel.
296f. *re-sonantia/re-fert:* re- (»zurück«): malt den Widerhall (vgl. zu V. 165/167).

298f. Proömium zum Architekten- und Landhäuser-Katalog

300–320 *(21 Verse): Katalog von sieben griechischen Baumeistern.* Quelle ist vielleicht (*forsan,* V. 305–307) das 10. Buch der *Hebdomades* oder *Imagines* Varros (siehe zu V. 306), siehe die Einführung (3.2.: »Das hebdomadische Kompositionsprinzip der *Mosella*«; Dräger, Vom Wein zum Fisch).

300–302 1. Baumeister: *Daedalus,* der mit seinem Sohn *Icarus* vermittels selbstgebauter Flügel aus Federn und Wachs von *Gortyn* auf Kreta, wo er u.a. das Labyrinth in Knossos gebaut hatte, vor Minos geflohen war; nachdem sein Sohn unterwegs ins Meer gestürzt und ertrunken war, landete Daedalus bei der euböischen, d.h. chalcidischen, Kolonie Kyme (Cumae, siehe Anm. zu V. 215–219), wo er einen Apollo-Tempel erbaute. Beim Versuch, den Sturz seines Sohnes auf den goldenen Tempeltüren nachzubilden, versagten die Hände des Vaters aus Schmerz (Vergil, *Aeneis* 6,14–33).
303 2. Baumeister: *Philo* von Athen (dessen erster König Cecrops war), um 330 v.Chr. Erbauer des Arsenals für tausend Schiffe im Piräus, das bei der Einnahme der Stadt durch Sulla 87 v.Chr. zerstört wurde.
304f. 3. Baumeister: *Archimedes,* ›Mechaniker‹ und Mathematiker, der *Syracus*

auf Sizilien im Zweiten Punischen Krieg (218–202/201) zwei Jahre für die Punier erfolgreich gegen die Römer durch die von ihm erfundenen Wurfmaschinen verteidigte; bei der Einnahme der Stadt 212 v. Chr. (›Störe meine Kreise nicht!‹) wurde er gegen den Befehl des römischen Feldherrn Marcellus, der ihn bewunderte, getötet. – Der Name Ar-chi-me-des (Silbenfolge lang-kurz-lang-lang) paßt nicht in einen Hexameter, deshalb umschreibt Ausonius.

305–307 Das 10. Buch der *Hebdomades* (»Siebener-Zahlen«, »Siebener-Gruppen«) des römischen Universalgelehrten Marcus Terentius Varro (116–27 v. Chr.). In diesem (verlorenen) Werk waren in 14 Bänden je sieben Hebdomaden (14 x 7 x 7 = 686) berühmter griechischer und römischer Philosophen, Dichter, Schriftsteller, Staatsmänner, Erfinder, Baumeister, Feldherrn, Ärzte etc. behandelt, jeweils mit Bild (daher der zweite Titel *Imagines* »Bilder«) und Epigramm versehen; die an der runden Zahl 700 noch fehlenden zwei Hebdomaden (14) vermutlich der jeweils bedeutendsten Fachvertreter waren wohl in einem Einleitungsbuch untergebracht, denn wenn die griechischen Architekten in das geradzahlige 10. Buch gehören, bleiben den chronologisch in der Regel späteren Römern nur die ungeradzahligen Bücher (ab Buch 3; Buch 11: römische Baumeister), so daß Buch 1 frei ist. Das Trierer Mosaik des römischen Dichters Ennius geht wahrscheinlich auf dieses Werk zurück.

307 4. Baumeister: Unter den verschiedenen Trägern des Namens *Menecrates* käme allenfalls (unvollständige Künstlerinschrift) der Verfertiger des Pergamonaltars (3. Jh. v. Chr.) in Frage, auf dem unter anderem die Schlacht der olympischen Götter gegen die Giganten dargestellt war.

308 5. Baumeister: Chersiphron aus Knossos, im 6. Jh. v. Chr. Erbauer des älteren Artemistempels in *Ephesus*, eines der sieben antiken Weltwunder, das von Herostratus in der Nacht der Geburt Alexanders d. Gr. (356 v. Chr.) in Brand gesteckt wurde. Mit *spectata manus* spielt Ausonius wohl auf den Namen Chersí-phron (Χερσί-φρων, »der mit den Händen Verständige«) an.

308–310 6. Baumeister: *Ictinus*, im 5. Jh. v. Chr. Erbauer des Parthenons, des Tempels der Minerva/Pallas Athene, auf der Akropolis in Athen; die Figur der Eule, des der Athene heiligen Vogels, schuf sein Zeitgenosse Phidias. Die Eule soll andere Vögel angezogen und für die Jagd als Helfer gebraucht haben. Hereinzuspielen scheinen auch Nachrichten von einem Erdspalt am Parthenon, aus dem für Vögel giftige Dämpfe aufstiegen, oder von den in der Antike beliebten mechanischen ›Automaten‹-Tieren, die natürlichen möglichst ähnelten (fliegende hölzerne Taube des Archytas, magisch anziehendes ehernes Pferd in Olympia etc.). ἰκτῖνος (iktínos) ist auch ein griechischer Vogelname (Weihe, *milvus*).

309, 312 *dem* (*cui*): vom *dativus ethicus* hinüberspielend (trotz aktiver Prädikate) in eine Art *dativus auctoris*: »von dem (konstruiert, gebaut)«.

311–317 7. Baumeiste (7 Verse): *Dinochares*, Gründer Alexandrias; Ausonius verwechselt ihn wohl mit Timokrates, dem Erbauer des Königspalastes in Alexandria. Der alexandrinische Herrscher (285–247) Ptolemaeus II. Philadelphus (›geschwisterliebend‹), der mit seiner Schwester *Arsinoë* verheiratet war (V. 314 *Bund unkeuscher Liebe*, bei Griechen und Römern verpönt), beauftragte Timokrates, eine Statue Arsinoës in ihrem ägyptischen (pharischen, nach dem Leuchtturm von Alexandria, siehe V. 330) Tempel (Arsinoëum) in Alexandria, neben dem eine *Pyramide* (in Wirklichkeit ein Obelisk) stand, zu errichten (zu deren Fertigstellung es wegen des Todes des Königs und des Baumeisters jedoch nicht kam); das Bild scheint *in der Luft* zu *schweben*, da seine eisernen Haare von einem Magneten (Blakeney dachte wegen V. 316 *corus* »Nordwestwind«, statt *virus*, an den Kopf eines Windgottes) angezogen werden (ein zweiter Magnet befindet sich am Boden; nach Plinius, *Naturalis historia* 34,148 sollte die ganze Kuppel aus Magnetstein bestehen). Doch verdankt der *Achat* (vgl. *virus Achates* V. 316) seine (literarische) magnetische Kraft wahrscheinlich nur dem *fidus Achates* (»treuer Achates«), dem sprichwörtlich ›anhänglichen‹ Begleiter des Aeneas; die Lösung des Rätsels in dieser und ähnlichen technisch unmöglichen Geschichten (fliegender eiserner *Mercurius* in den *Gesta Trevirorum*, Sarg Mohammeds in Mekka) ist wohl ein feiner Draht (Böcking S. 87).
312 f. Eine *Pyramide* (deren Spitze mit einem Kegel verglichen wird) wirft zu bestimmten Zeiten keinen *Schatten* (z. B. die Pyramiden von Gizeh sieben Monate mittags je fünf Stunden), da dieser je nach Sonnenstand auf den von ihr bedeckten Raum fällt.

321–334 (14 Verse) Katalog von sieben Landhaus-Typen. Vorlage ist die Beschreibung der Sorrentiner *Villa maritima* (»Meeresvilla«) des Pollius Felix im Golf von Neapel bei Statius, *Silvae* 2,2, besonders V. 45–97 (siehe auch zu V. 176), doch überträgt Ausonius die je sieben verschiedenen Gebäudeteile, Zimmer etc. jener riesigen Anlage auf sieben verschiedene Landhaustypen: Wie die Villa maritima des Pollius Felix die behagliche epikureische Lebensweise ihres Besitzers widerspiegelt, so entsprechend Ausonius' Moselvillen die jetzt durch Valentinian wieder garantierte friedliche Lebensform (siehe die Einführung 3.1.: »Gliederung, Inhalt und literarische Form der *Mosella*«; Dräger, Vom Wein zum Fisch). Eine Karte der Villen-Standorte im Moselland bei Heinen S. 286.

321 Landhaustyp 1: auf felsigem Gestein. – *natura* bezieht sich eher auf den Felsen (*in aggere saxi natura sublimis* »auf dem Damm eines durch *seine* natürliche Beschaffenheit erhöhten Felsens«) als auf die Villa (›nach *ihrer* natürlichen Lage‹); *est* ist zu verbinden mit *fundata* V. 322.

322 Landhaustyp 2: auf einer in die Flut vorspringenden Landzunge. Als Beispiel nennt Wightman S. 165 die Villa von Wittlich (Lieser/ *Lésura*, Mosel-Nebenfluß: siehe V. 365; Grundriß bei Wightman S. 152 und bei Hosius S. 69).
323 Landhaustyp 3: an einer Einbuchtung, sich landeinwärts zurückziehend.
324–326 Landhaustyp 4: auf einem Abhang über dem Fluß.
327–330 Landhaustyp 5: auf niedriger Wiese, drohend hochgebaut in den Himmel wie ein Turm (z. B. der von Babel). Auf der Insel *Pharus* vor Alexandria errichtete um 280 v. Chr. Sostratus für Ptolemaeus II. (siehe zu V. 311–317) den ca. 100 m hohen, nach der Insel selbst benannten Leuchtturm (frz. *le phare*, deutsch veraltet ›der Pharus‹; im Griechischen und Lateinischen feminin), eines der sieben Weltwunder der Antike.
330 *Memphis:* Hauptstadt Unterägyptens, in der Nähe Alexandrias.
331 f. Landhaustyp 6: mit natürlichem ›Fischteich‹ (gemeint sind Stellen, deren Verbindung zum Fluß leicht abgeriegelt werden konnte, vielleicht auch schon die sog. *vennae*, V-förmig aus Steinen oder Pfählen, durch die Reisig geschlungen wurde, von den Ufern aus in den Fluß gebaute Fangvorrichtungen besonders für den Lachs/ Salm). Grünewald S. 26 nennt als Beispiel die Villa von Welschbillig (auf halbem Wege zwischen Trier und Bitburg).
333 f. Landhaustyp 7: hoch oben auf einem Berg mit schwindelerregendem Blick auf die Mosel herab.

335–348 (14 Verse): *Paläste* (*praetoria* V. 286; *villae urbanae*) mit Badeanlagen (*balnea*, V. 338). Als Beispiel nennt Wightman S. 165 die Badeanlage der (heute verschütteten) Villa von Wasserliesch (gegenüber Igel).

338–340 Gemeint sind die Hypokausten-Heizungen, bei denen die im Ofen/ Heizraum (*opertum; hypocausis*) erhitzte Luft zwischen den Ziegelpfeilern, auf denen der Fußboden ruhte (*hypocaustum*), und in Röhren (*tubuli*) hinter der Wandbekleidung (*tectoria*) hinstrich. Wasser für das Warmbad (*caldarium*) wurde in Kesseln gekocht. – *Mulciber* (»Erweicher, Schmelzer«): Beiname des Schmiedegottes Hephaistos/Vulcanus, hier metonymisch für das Feuer (wie z. B. V. 21 u. 25 *Bacchus* sowie V. 158 u. 162 *Lyaeus* für Wein, V. 281 *Nereus/Tethys* für das Meer und V. 362 *Cerealis/Ceres* für Getreide).
341 *Bad:* Entweder das *Tepidarium* (Lauwarmwasserbad) bzw. das *Caldarium* (Heißwasserbad) oder das *Sudatorium/Laconicum* (Schwitzbad).
342 *Kühle der Becken* (*frigora piscinarum*; vier lange Silben: *versus spondiacus*): Gemeint ist das *Frigidarium* (Kaltwasserbad).
346 *Baiae* war ein beliebter luxuriöser Badeort beim euböischen Cumae (siehe Anm. zu V. 215–219) am Golf von Neapel.

V. 349–380: KATALOG VON ZEHN (2 + 7 + 1) NEBENFLÜSSEN DER MOSEL

Vorlage ist der Katalog der zweimal sieben Flüsse Italiens bei Lucan, *Bellum civile* 2,399–427, der wie der Fischkatalog (siehe zu V. 85–149), nur kontrastimitatorisch (bürgerkriegsgequältes Italien bei Lucan), zu einer Neubesiedlung des jetzt friedlichen Mosellandes einlädt (siehe die Einführung 3.2.: »Das hebdomadische Kompositionsprinzip der *Mosella*«; Dräger, Alisontia; ders., Pythagoreische Zahlenspekulationen in Ausonius' *Mosella*; ders., Vom Wein zum Fisch; siehe das Schema S. 83).

350 *dignandumque ... Mosellam*: Wohl wegen Personifizierung (Flußgott) ist *Mosella* hier (wie noch V. 381, 469) maskulin gebraucht (feminin: V. 73, 148, 374, 467; nicht unterscheidbar: V. 22, 108, 193). – Der Vers wirkt feierlich durch die alle fünf Worte umfassende Paronomasie mit di- (*dicere, dignandumque*) bzw. m-Alliteration (*mari memorare Mosellam*).

352f. ›obwohl ... | ... doch‹ (*quamquam ...| ... sed*): *quamquam* bildet mit *sed* (~ *tamen, sed tamen*) ein konzessives Satzgefüge und gehört nicht zum Vorhergehenden (V. 349–352).

354 1. Nebenfluß: *Proméa*, Prüm (indirekter Nebenfluß 1, links, Nebenfluß der Sauer). An der Prüm, die in der Schnee-Eifel entspringt und bei Minden in die Sauer mündet, liegt die gleichnamige Stadt Prüm mit Benediktinerabtei (Abt Régino).

354 2. Nebenfluß: *Némesa*, Nims (indirekter Nebenfluß [2. Grades] 2, links, Nebenfluß der Prüm), bei der Stadt Prüm entspringend und bei Irrel mit Wasserfällen in die Prüm mündend.

355–358 3. Nebenfluß (direkter Nebenfluß 1, links): *Sura*, Sauer. Die Sauer entspringt in den Ardennen und mündet als Grenzfluß zwischen Deutschland und Luxemburg bei Wasserbillig (Oberbillig gegenüber) in die Mosel; an der Sauer liegen Bollendorf (römische Villa) und Echternach (Benediktinerabtei).

359–361 4. Nebenfluß (direkter Nebenfluß 2, links): *Celbis*, Kyll, die in der Nähe der Prüm-Quelle entspringt und bei dem heutigen Trierer Stadtteil Ehrang, gegenüber dem Stadtteil Pfalzel (*Palatiolum*), in die Mosel mündet; an der Kyll liegen Gerolstein, Kyllburg und (in der Nähe des Flusses) Fließem (römische Villa Otrang/Fließem). Im Lateinischen (V. 361) ›etymologisierendes‹ Wortspiel zwischen <u>cel</u>-ebratus <u>pis</u>-cibus (»wegen seiner ... Fische gepriesen«) und <u>Cel-bis</u> (Severin Koster/Erlangen, der sich noch an den früheren Lachsreichtum der Kyll erinnert, brieflich 23.11.2001; nicht erkannt von Green).

359–364 5. Nebenfluß (direkter Nebenfluß 3, rechts): *Erúbris*, Ruwer, die bei Kell entspringt (heute ein Quellbrunnen, dessen Kenntnis ich Heinz Hallermann,

Trier, verdanke) und bei dem gleichnamigen Trierer Stadtteil Ruwer in die Mosel mündet. Bekanntes Weinbaugebiet (Mosel-Saar-Ruwer).

362 D. h. Getreide-Wassermühlen (*Cerealis* »Getreide-« metonymisch: von *Ceres*, Göttin des Getreidebaus); zu solchen Mühlen vgl. A. Neyses, Die Getreidemühlen beim römischen Land- und Weingut von Lösnich (Kreis Bernkastel-Wittlich), in: Trierer Zeitschrift 46, 1983, S. 209–221; Heinen S. 305.

363 f. Da es an der Ruwer keinen *Marmor* gab, ist entweder anderes Gestein (Schiefer; grünlicher Basalt, vom Grüneberg bei Trier: Heinen S. 308) oder von anderswoher gebrachter Marmor gemeint, der hier für die Trierer Römerbauten bearbeitet wurde; vgl. D. L. Simms, Water-driven Saws, Ausonius, and the Authenticity of the Mosella, in: Technology and Culture 24, 1983, S. 635–643; Örjan Wikander, Ausonius' Saw-mills – Once More, in: Opuscula Romana 17, 1989, S. 185-190 (mit Rekonstruktionszeichnungen); s. die heutige Karlsmühle im gleichnamigen Hotel/Restaurant/Weingut in Mertesdorf (Ruwertal) bei Trier.

365 6. Nebenfluß (direkter Nebenfluß 4, links): *Lésura*, Lieser, die in der Eifel entspringt und bei dem gleichnamigen Dorf Lieser oberhalb von Bernkastel-Kues in die Mosel mündet. An der Lieser liegen Daun und Wittlich.

365 7. Nebenfluß (direkter Nebenfluß 5, rechts): *Drahónus*, (Große) Dhron, die über der Burgruine Baldenau aus zwei Bächen entsteht und an Bischofsdhron und Papiermühle vorbei in Neumagen (siehe V. 10 f. mit Anm.) in die Mosel fließt; sie wird verstärkt durch die Kleine Dhron, die bei Beuren im Osburger Hochwald entspringt, durch die Dhrontalsperre und das Tal Dhrönchen fließt und bei Papiermühle in die (Große) Dhron mündet. – Das Epitheton *tenuis* kann »schmal« und »seicht« bedeuten.

366 8. Nebenfluß (direkter Nebenfluß 6, links): *Salmóna*, Salm, die in der Eifel entspringt und bei Klüsserath in die Mosel mündet. An der Salm liegt Himmerod (Abtei). – Zahlreiche naturwissenschaftliche Indizien sprechen für die Ableitung des Flußnamens vom Fisch Salm/Lachs (V. 97), dessen bevorzugtes Reproduktionsgebiet in dieser einmaligen Flußlandschaft zu suchen ist (Kroll); im Flaumbachtal bei Treis gibt es sogar ein Denkmal für den Salm.

367-369 9. Nebenfluß (direkter Nebenfluß 7, rechts): *Sarávus*, Saar, als Flußgott vorgestellt (daher V. 368 »mit seinem ganze Gewand«), längster (246 km) Nebenfluß der Mosel (545 km). Die Saar entspringt in Lothringen in den Vogesen, fließt u. a. durch Saarbrücken, Saarlouis sowie Saarburg und mündet bei Konz (*Contionacum*, siehe V. 91 f.), Igel gegenüber (Igeler Säule), in die Mosel. In *Contionacum* befand sich ein auf einer Anhöhe oberhalb der Saarmündung gelegener Kaiserpalast (Überreste: Hypokausten; *Frigidarium*; s. Neyses), in dem sich Valentinian (vielleicht mit dem – von Bissula begleiteten – Ausonius und Gratian im Gefolge) bezeugtermaßen 371 n. Chr. viermal aufgehalten hat (im *Codex Theodosianus* Edikte vom 29. Juni, 12. Juli, 29. Juli und 18. August aus *Contionacum*, aber auch vom 28. Juni aus Trier); dieser Palast dürfte mit *sub Augustis* ... *muris* (V. 369), nicht das knapp 10 km entfernte Trier (V. 421 *Augustae* ... *moenibus urbis*; vgl. V. 24 *dignata imperio* ... *moenia* und *Ordo urbium nobilium* V. 32 *moenia*) gemeint sein (auch wenn *sub* letzteres zuließe); vgl. Goethert – erschöpft (*fessa*): prädikativ zu *ostia* (wörtlich: »um erschöpft ... seine Mündung dahinzuwälzen«). – Bekanntes Weinbaugebiet (Mosel-Saar-Ruwer).

371f. 10. Nebenfluß (indirekter Nebenfluß 3, links, Nebenfluß der Sauer): *Alisontia*, Alzette, die durch die Stadt Luxemburg fließt und bei Ettelbrück in die Sauer mündet (Tross; Corpet; Bruch; Ternes, Mosella; ders., Landschaft S. 182–184). Mit der *Alisontia* als Alzette kehrt Ausonius ringkompositorisch zum Anfang seines Katalogs (Sauer) zurück (2 + 7 + 1 Flüsse); mit der üblichen (etymologisch auch möglichen) Gleichsetzung der *Alisontia* mit der durch die Burg Eltz bekannten Eltz (z.B. Böcking, Hessel, Ostern, Evelyn White, Hosius, John, Besser, Grünewald, Ausonius, Direction, Greve, Pastorino, Weis, Green, Schönberger), die bei Moselkern nahe Koblenz von links direkt in die Mosel mündet (2 + 8 Flüsse), würde das kunstvolle hebdomadische ringkompositorische Aufbauprinzip zerstört (wie es Green durch Umstellung von V. 370f. hinter V. 364 noch auf zusätzliche und törichte Weise tut). – Dazu stimmt das geologische Argument: Die Alzette fließt durch eine fruchtbare Ebene, die Eltz dagegen in ihrer gesamten Länge durch ein relativ enges, steiles Waldtal (Walter Eul/Leverkusen bzw. Moselkern brieflich am 21.7.2003); das Schild mit unseren Ausonius-Versen am Ortsausgang von Moselkern hat keinerlei Berechtigung.

372 *Tausend* (*mille*): vgl. oben V. 351 *innumeri* (»ohne Zahl«). Es gibt noch andere Nebenflüsse, aber die Zahl Zehn ist gewählt, um in ihr die Sieben kunstvoll rahmend (Ringkomposition) zu ›verstecken‹ (2 + 7 + 1).

374 *göttliche Mosella:* wegen des Flußgottes, vgl. V. 443 (*sacrum*).

375 *Smyrna* in Kleinasien ist eine von sieben Städten, die den Anspruch erhoben, Geburtsort Homers, des Dichters der *Ilias* und *Odyssee*, zu sein (als hexametrischer ›Merkvers‹ *Anthologia Palatina* 16,298: ›Smýrna, Chiós, Kolophón, Ithaké, Pylos, Árgos, Athénai‹; ähnlich 16,297: ›Kýme, Smýrna, Chiós, Kolophón, Pylos, Árgos, Athénai‹). – Der durch Homer (*Ilias* 4,475 u.ö.) bekannte Σιμόεις (V. 376 *Símois*) fließt bei Ilium (Troia) in der Troas und mündet in den Skamander.

375 In Andes bei *Mantua* wurde 70 v.Chr. Vergil, der größte römische Epiker, geboren; sein Epos *Aeneïs* hat den Tiber (V. 377 *Thybris*) berühmt gemacht.

379 *Nemesis* (Νέμεσις): Griechische Göttin der Gerechtigkeit und Vergeltung (siehe epist. 27,52), zwar mit einem Kultbild auf dem Capitol in Rom, aber

ohne lateinische Namensentsprechung. Ausonius ruft sie an, weil er die Mosella neben Símois und Tíber zu stellen gewagt hat.

380 *hatten ja in Rom:* d.h., so war es einmal; heute ist (ein) Sitz des Reiches die Moselstadt Trier, das neue Rom; die Annahme eines Versausfalls ist unnötig (und wegen der ›versiegelten‹ Zahl 483 unwahrscheinlich).

V. 381–388: CHARAKTERISIERUNG DER BEWOHNER DES MOSELLANDES

381 Gruß an die Mosella wie am Beginn, V. 23.

382 Die Kriegstüchtigkeit der Treverer, besonders ihrer Reiterei, lobt schon Caesar, *Bellum Gallicum* 2,24,4; 5,3,1; Trier war in der Spätantike Sitz eines *magister militiae*.

383 In Trier gab es eine Hochschule für Rhetorik (vgl. V. 403f.); als *grammatici Trevirorum* sind Ursulus und Harmonius bekannt (epist. 13); die Trierer Lehrer bekamen 376 durch Gratian eine Vorrangstellung an Ansehen und Gehalt (*Codex Theodosianus* XIII 3,11; auch bei Peiper S. C); Ausonius selbst war Professor der Rhetorik in *Burdigala*.

386 *Catonen:* der ältere Cato (*Cato maior*, 234–149 v. Chr.), wegen seiner Strenge (*Ceterum censeo Carthaginem esse delendam*, »Im übrigen bin ich der Meinung, daß Carthago zerstört werden müsse«) bekannt, mit dem Beinamen *Censorius*, sowie sein Urenkel, der jüngere (*Cato minor, Uticensis*), der sich wegen seiner republikanischen Gesinnung den Händen Caesars 46 v.Chr. durch Selbstmord in Utica (Nordafrika) entzog.

388 *Aristides* ('Αριστείδης): während der Perserkriege (5. Jh. v. Chr.) Politiker in Athen, Gegner des Themistokles, mit dem Beinamen ›der Gerechte‹.

V. 389–417: VERSPRECHEN EINES GRÖSSEREN WERKES (MIT SIEBEN THEMEN) AUF DIE MOSEL

390f. Zum Musenanruf siehe zu V. 82.

392 *Werken der ruhmlosen Muße:* d.h. die Zeit ohne Amtsgeschäfte.

396–398 Weben (*nere*, das auch »spinnen« bedeutet; *filum*, »Faden«; *tela* und *subtemen* siehe gleich; vgl. noch 415 *detexere* »zu Ende weben«) und Spinnen (*fusus*, »Spindel«) stehen metaphorisch für Dichten. – Bekannteste und vielleicht ausführlichste Beschreibung des Webens bei Ovid, *Metamorphosen* 6,53–58 (Wettweben zwischen Minerva und Arachne): Am Webebaum, der als ›Jochbalken‹ (*iugum*) die beiden Pfosten des Webstuhls (*tela*) zusammenhält, sind die

Kettfäden (Aufzug, Kette, Werfte, Zettel: *tela, stamen*) angeknüpft (*aptae:* V. 397) und werden durch kleine Gewichte straffgezogen. Die Kettfäden werden durch einen Stab (*harundo*) so gesondert, daß die geraden und die ungeraden jeweils auf derselben Seite der *harundo* hängen. Mit dem Weberschiffchen (*radius*) wird der Einschlag (Querfaden, Durchschuß: *subtemen*), der vom Knäuel abgerollt wird, durch den Aufzug geschossen (*percurrere:* V. 398). Mit der Lade (Weberkamm: *pecten*) wird der Durchschuß an das schon Gewebte angeschlagen.

397 *Pieriden:* Musen, benannt nach der Landschaft Pierien am Olymp in Macedonien, einem Aufenthaltsort der Musen.

398 *Purpur:* Purpurfäden für das Gewebe, d. h. größere Ehre (römische Senatoren und ihre Söhne trugen einen Purpurstreifen an der Toga, vgl. V. 403). Das Versprechen eines (nie ernsthaft beabsichtigten) Werkes ist ein Topos; auch dieses Epos wurde nicht geschrieben; literarisches Vorbild ist die Ankündigung eines Epos bei Vergil, *Georgica* 3,10-48.

399-414 Katalog der sieben Themen des geplanten Alterswerkes

399f. 1. Thema: Grundbesitzer (*possessores*).

400f. 2. Thema: Gesetzeskundige und redegewandte Juristen, die in einem von Valentinian 364 neugeschaffenen Amt den unteren Bevölkerungsschichten der Provinz als *defensores civitatis* (»Verteidiger der Bürgerschaft«) gegen Mächtigere beistehen sollten.

401f. 3. Thema: Munizipalräte (*municipium* Provinzialstadt) der städtischen Selbstverwaltung, die als (teils erbliche, teils ernannte) *curiales* oder *decuriones* im *Senat* (*curia*) saßen (die *clari proceres* von V. 382).

403f. 4. Thema: Rhetoren, ›Professoren‹ der Beredsamkeit (vgl. V. 383 mit Anm.) an den Schulen, die von den mit der *toga praetexta* (vgl. V. 398 mit Anm.) bekleideten Söhnen der Vornehmen besucht wurden. – *Quintilian:* Marcus Fabius Quintilianus, erster Rhetorik-›Professor‹ in Rom (um 35 – um 100 n. Chr.) und Prinzenerzieher am Hof Domitians (81-96); er schrieb in der Nachfolge Ciceros ein Werk über Redekunst (*Institutio oratoria* »Rednerische Unterweisung«).

405f. 5. Thema: Statthalter, die in den Hauptstädten (*urbes*) der vier Reichsteile als *praefecti praetorio* bzw. in den jeweils drei bis fünf Diözesen (Teilen der Reichsviertel) als *vicarii praefecturae* oder *praefectorum* (V. 407f.) bzw. in den Provinzen (Teilen der Diözesen) als *rectores provinciarum* (je nach Rang als *consulares* oder *praesides*) residierten und denen in ihrem Bereich die Jurisdiktion unterstand. – *Beile:* die aus den Rutenbündeln (*fasces*) der römischen Beamten als Zeichen der Gewalt über Leben und Tod herausragenden *secures* (»Beile«).

407f. 6. Thema: *vicarii* (siehe zu V. 405f.; daher *titulo ... secundo*) Italiens und Britanniens. Es dürften bestimmte Persönlichkeiten gemeint sein (vgl. ›Italiens und Britanniens‹, nicht etwa ›Galliens oder Illyriens‹), doch läßt sich über ihre Identität nichts sagen, nicht einmal, daß es geborene Belger oder Gallier (vgl. V. 394f.) gewesen sein müssen.

409–414 7. Thema: Wohl ein *consul posterior* (vgl. V. 412 *libata* »gekostet«), dessen Beförderung in das höchste Amt (als *consul prior,* vgl. V. 410 *non primo ... sub nomine*), den ersten (vor allem Valentinian und Gratian) gleich, zu Unrecht lange hinausgezögert wurde: Sextus Petronius Probus (Consul 371), an den man vorzugsweise gedacht hat, würde allerdings bei einer Publikation der *Mosella* 374/375 n. Chr. ausscheiden (vgl. Heinen S. 312–315; Coşkun, Ein ... Beamter). Vielleicht sollte man, wie in Vergils 4. *Ekloge,* nicht nach einer bestimmten Person suchen; wer wollte, konnte sich hier wiederfinden.

417 *weihen wir ihn feierlich:* Wie die Mosel (V. 374; 467f.; 469–483) ist auch der Rhein als (V. 420: »brüderliche«) Gottheit (V. 418–420) gedacht, dem gleichsam ein Weihgeschenk dargebracht wird.

V. 418-437: VEREINIGUNG DER MOSEL MIT DEM RHEIN

418–420 Der Rhein (dessen Bett sich nach Aufnahme der Mosel bei Koblenz flußabwärts merklich weitet) wird wie die Saar (V. 367f. mit Anm. zu V. 367–369) als Flußgott mit Gewändern gesehen. Rhein und Mosel sind auch deswegen Brüder (vgl. V. 430), weil das Meer Vater aller Flüsse ist (V. 358).

421 *er* (auch 426): der Bruder (V. 420 *fraternis*), die Mosel. – *von den Mauern der augustischen Stadt* (*Augustae ... moenibus urbis*): d.h. aus Trier; anders (*Contionacum*) V. 369 *Augustis ... muris* (siehe zu 367–369).

423 Im Jahre 368 hatte Valentinian, begleitet von seinem unmündigen Sohn Gratian (Ammianus Marcellinus 27,10,6; 10), die Alemannen an einem noch nicht sicher identifizierten Ort (*Solicinium*) geschlagen (und vielleicht in Trier, d.h. ausnahmsweise außerhalb von Rom oder Constantinopel, einen Triumph gefeiert); *Nicer:* Neckar; *Lupodunum*: Ladenburg bei Heidelberg. Zur Frage der Teilnahme des Ausonius an diesem Feldzug und der Datierung der *Mosella* siehe die Einführung (3.4.: »Abfassungszeit der *Mosella*«).

424 Die versteckten Quellen der hier auch für ihren Oberlauf *Hister* genannten Donau (siehe V. 106 mit Anm.) im Schwarzwald waren den Römern längst bekannt (Plinius, *Naturalis Historia* 4,79), aber eine siegreiche Schlacht o.ä. hatte es an ihnen noch nicht gegeben; vgl. *Bissula* 3,2.

425 Briefe mit Siegesbotschaften wurden mit einem Lorbeerzweig (*laurea*) geschmückt.

426 Ausonius war ein schlechter Prophet: 374 mußte Valentinian in der Nähe von Mainz den alemannischen König Macrianus um Waffenstillstand bitten (Ammianus Marcellinus 30,3).

426 *vereinigt:* vgl. die *vereinigten Triumphe* von Sohn und Vater V. 422.

429 *Gastfreund:* entweder die Mosel, die dem Rhein den Ruf nicht neidet, oder der Rhein, der keine Einbuße fürchtet.

429f. *Auf ewig ... teilhaftig ... deines Namens:* d.h. den Namen Rhein behalten – anders als die Nebenflüsse, die möglichst schnell in der Mosel aufzugehen wünschen (V. 351-353).

432f. In V. 432 ist (wegen *geminis ... ripis* »mit doppelten Ufern«, nicht »mit doppeltem Uferpaar«) noch das (Rhein und Mosel) gemeinsame breite (*divortia*) Strombett gemeint, erst in V. 433 die Aufspaltung des Rheins in die zwei (*diversa*) Mündungsarme Waal (*Vahalis*) und Lek.

434f. Die *Franken* zwischen Rhein, Lahn und Lippe; die *Chamaven* an der Waal und auf der Bataverinsel an der Mündung des Rheins; *Germani:* eher ein so benannter Stamm als die übrigen zusammengefaßt. Doch haben die rechtsrheinischen Germanen die Flußgrenze nie respektiert; die Chamaven und Franken waren 358 eingefallen, aber von Iulian (vgl. zu V. 2), später von Valentinian zurückgeschlagen worden.

437 *zweihörnig:* sonst (nach Vergil, *Aeneis* 8,727 *Rhenusque bicornis*, »und der zweihörnige Rhein«) wegen der zwei Mündungsarme (V. 432f. mit Anm. zu V. 433); hier umgedeutet auf den Rhein als ›Doppelstrom‹ nach Aufnahme der Mosel (V. 418-420 mit Anm. zu V. 420) oder als zweiter Name des Rheins (*Bicornis* ist in dieser Zeit fast Eigenname von Flüssen mit Deltamündung, besonders des Rheins). Doch vgl. auch V. 469 (*Corniger*) mit Anm. zu V. 471.

V. 438-468: SPHRAGIS MIT ERNEUTEM VERSPRECHEN EINES GRÖSSEREN WERKES

438-447 Sphragis (»Siegel«): Ausonius als Verfasser der *Mosella*

438 *viviscisch:* Zu den Biturigern gehörender Stamm der Viviscer in der Gegend von *Burdigala* (Bordeaux) an der Mündung der Garonne.

439 *gastliche Belger:* Ausonius lebte bereits ungefähr sieben (368-375) Jahre im Land der Belger an der Mosel.

440 *Ausonius* leitet seinen Namen spielerisch von den *Ausones*, einem alten Stamm Italiens, ab; ähnlich V. 451 und Paulinus Nolanus, *Carmina* 10,250.

441f. *Pyrene:* die Pyrenäen; *Aquitanien:* Landschaft zwischen Garonne und Pyrenäen.
443f. *fas* (»erlaubt«): zu ergänzen *est* (»ist es«, vgl. V. 80 und Horaz, *Carmina* 2,19,9), nicht *sit* (»sei es«, siehe V. 187), das nicht so ohne weiteres fehlen dürfte; zudem spricht Ausonius jetzt selbstbewußter als V. 80 (*neque) fas* oder 187 *fas ... sit.* – *sacrum:* wegen des Flußgottes (vgl. zu *dia* V. 374), kaum wegen des Kaiserhofes. – *Trankopfer meiner Muse:* ein Gedicht.
447 Die Quelle *Aganippe* am Fuß des Helicon in Böotien (alter Name: Aonien) war ein Aufenthaltsort der Musen (*Aoniden*). Von anderen, zumal besseren (V. 447 *totam ... Aganippen* »Aganippe ... ganz«, Gegensatz zu V. 444 *tenui libamine Musae* »mit einem kleinen Trankopfer meiner Muse« und 448 *vena* »Ader«) *Mosella*-Dichtern ist im übrigen vor Venantius Fortunatus (6. Jh. n. Chr.) nichts bekannt; zu Venantius' *Mosella*-Gedichten siehe Dräger, Zwei Moselfahrten des Venantius Fortunatus (*Carmina* 6,8 und 10,9), in: Kurtrierisches Jahrbuch 39 (1999), S. 67–88.

448–460 Versprechen eines künftigen Werkes

450 *Augustus pater et nati:* Valentinian mit seinen Söhnen Gratian (geb. 359) und vermutlich dem 371 in der zweiten Ehe des Kaisers geborenen Valentinian II. – es sei denn, Ausonius sieht dezent weitere Söhne voraus (eine Verbindung ›Augustus Vater und meine größte Sorge um den Sohn [d.h. Gratian, dessen Erzieher Ausonius ab ca. 368 in Trier war] werden mich ... entlassen‹ ist unlateinisch). Zur Bedeutung der Stelle für die Abfassungszeit der *Mosella* siehe die Einführung (3.4.: »Abfassungszeit der *Mosella*«). – *mea maxima cura*: epist. 27,119 wird Paulinus Nolanus so bezeichnet.
451 *ausonisch:* siehe Anm. zu V. 440. – *Rutenbündel:* siehe Anm. zu V. 405f. – *curulische Ehre:* die höheren Ämter in Rom, besonders das Consulat, benannt nach dem elfenbeinernen Amtsstuhl (*sella curulis,* zusammenklappbarer »Wagenstuhl«, vgl. epist. 24,4). Da Ausonius erst nach dem Tod (375) Valentinians im Jahr 379 Consul wurde, hätte er sich, vielleicht auf Grund eines Versprechens Valentinians, ziemlich früh Hoffnungen gemacht oder es sind lediglich consularische Ehren o. ä. gemeint; doch siehe zur Bedeutung der Stelle für die Abfassungszeit der *Mosella* die Einführung (3.4.: »Abfassungszeit der *Mosella*«).
452 Die ›Emeritierung‹ von der langen Lehrtätigkeit unterstreicht gewichtig das letzte Wort *disciplinae* (vier lange Silben: *versus spondiacus*).
453 *nördlichen:* eigentlich ›arctischen‹ (*Arctoi*), nach dem (von Südgallien, erst recht von Italien aus gesehen) im Norden sichtbaren Sternbild des Großen Bären (griech. ἄρκτος, árktos) oder Wagens.

ERLÄUTERUNGEN ZUR MOSELLA 79

454 *Städte:* Bekannt sind z.B. (moselabwärts) *Tulla* (Toul), *Mettis* (Metz), *Contionacum* (Konz), *Augusta Treverorum* (Trier), *Palatiolum* (Trier-Pfalzel), *Rigodulum* (Riol), *No(v)iomagus* (Neumagen), *Princastellum* (Bernkastel), *Cardena* (Karden), *Contrua* (Gondorf), *Confluentes* (Koblenz).

454-456 Zu konstruieren: *addam urbes* ... | *moeniaque* ... *prospectantia muris* | *addam,* ... *condita* (Chiasmus *addam urbes* ... *moeniaque* ... *addam*); bei der traditionellen Interpunktion (*muris;* | *addam* ... *condita*), der ausnahmslos alle Herausgeber und Übersetzer folgen, bleibt *condita* zu lange ohne Beziehungswort (*castra/horrea?*) bzw. muß substantiviert (?) (»aedificia« Ostern, Grünewald; »Kastelle« Greve; danach die Übersetzer) und doppelt wiedergegeben werden (»gebaut ... Burgen« Tross; »Schutzwerke ... versehen« Böcking; »Kastelle ... angelegt« John; »Schanzwerke ... errichtet« Weis; »Festungen ... erbaut« Schönberger); zudem kann *moenia* (»Stadt« Hosius; »Städte« Grünewald) jetzt seine ›Grundbedeutung‹ (›Festung‹, ~ *muri*, 455) behalten.

458 Wortspiel mit *felices* (»glückliche«) = *laeti* (»frohe«) und den Liten (germanisches Wort, volksetymologisch umgedeutet in *Laeti*), von den Römern in Gallien angesiedelten Germanen (vgl. die Sauromaten, V. 9).

460 Die Mosel wird erneut dem Tiber gleichgestellt (vgl. V. 377): V. 460 stammt aus Vergils *Aeneïs* (8,63).

461-468 Katalog von sieben gallischen Flüssen (weitere vier stehen V. 479-483):

461 1. Fluß: *Liger,* Loire, längster Strom Galliens, entspringt in den Cevennen und mündet bei Nantes in den Atlantik (Biscaya).

461 2. Fluß: *Áxona,* Aisne, entspringt in den Argonnen, linker Nebenfluß der Oise, eines rechten Nebenflusses der Seine.

462 3. Fluß: *Mátrona,* Marne, entspringt im Plateau von Langres und mündet bei Paris von rechts in die Seine; vgl. Caesar, *Bellum Gallicum* 1,1,2.

463 4. Fluß: *Carántonus,* Charente, fließt durch Limoges und mündet bei Rochefort in die Biscaya (Bucht von Saintogne, *Santonico* ... *aestu*, mit Ebbe und Flut).

464f. 5. Fluß: *Duranius,* Dordogne, rechter Nebenfluß der Garonne, entspringt auf den Monts Dore (*gelido* ... *de monte* »von eisigem Berge«, höchster Berg Galliens außerhalb der Alpen) in der Auvergne.

465 6. Fluß: *Tarnes,* Tarn, gleichfalls rechter Nebenfluß der Garonne, entspringt in den Cevennen; über seine Goldhaltigkeit ist sonst nichts bekannt.

466-468 7. Fluß: *Aturrus,* Adour, entspringt in den Pyrenäen, fließt durch Tarbes und mündet im Gebiet der aquitanischen Tarbeller in die Biscaya.

V. 469-483: SCHLUSS

469-476 Künftiger Ruhm der Mosella (Fluß und Dichtung)

469-471 *Hörnertragende:* Nach antiker Vorstellung hatten die Flußgötter Stiergestalt oder trugen zumindest Stierhörner (vgl. V. 437) als Zeichen ihrer Kraft. Bei Stieropfern wurden die Hörner mit Gold überzogen.

472 *gewundene Fluren:* Das auffälligste Charakteristikum der Mosel, ihre Mäander, ist außer V. 285 nur noch hier erwähnt, und zwar überraschenderweise unter Übertragung auf das angrenzende Land.

473 *unterhalb germanischer Häfen:* Da die Mosel zusammen mit dem Rhein weiterfließt (V. 418-433), ist die Mündung des Rheins bzw. der vereinigten Flüsse Mosel und Rhein in die Nordsee gemeint (vgl. V. 433), nicht die der Mosel in den Rhein.

474 *Camene (canere):* weissagende ›Sängerin‹, Muse (vgl. epist. 24,12); metonymisch für ›Gedicht‹.

477-483 siebenfache Apostrophé der Mosel: In den sieben Versen wird die Mosella siebenmal mit te (»dich«) angeredet.

479 *Druna:* die Drôme, linker Nebenfluß der Rhône. – *Druentia:* die Durance, die bei Avignon gleichfalls von links in die Rhône mündet; ihre zerstörerische Wirkung beschreibt ähnlich Livius 21,31,10f.

480 *Alpenflüsse:* z.B. die Isère (*Ísara*), ein linker Nebenfluß der Rhône.

480f. Der am rechten, westlichen Ufer der auf dem St. Gotthard entspringenden Rhône (*Rhódanus*) gelegene Teil von *Árelas/Arélate* (Arles) scheint einen davon abgeleiteten Namen (*Dextra ripa/urbs*, »Rechtsstadt, Rechtsufer«; vgl. *West Bank*; Ausonius, Direction S. 35 spricht vom Vorort Rhodanusia) getragen zu haben; dieser Stadt gilt der *Ordo urbium nobilium* 10; vgl. epist. 27,81 *duplex Arelas* (›das doppelte Arelas‹).

483 *meeresgleichen (aequoreae):* Von Burdigala bis zum Atlantik weitet sich die Garumna zu einem regelrechten Meeresarm, der Gironde. – *Garumna:* Das letzte Wort des letzten Verses widmet der Lobredner der Mosella triumphierend und hintergründig-schelmisch (*second voice?*) dem Fluß, an dem seine Vaterstadt *Burdigala* (Bordeaux) liegt: der Garonne (*Garúmna*, mit Silbenfolge kurz-lang-kurz prosodisch identisch mit *Mosélla* – und gleichfalls ein Wort aus sieben Buchstaben!). – Zur Verszahl 483 (Quersumme 15), die 69 (Quersumme 15) mal durch sieben teilbar ist, siehe die Einführung (3.2.: »Das hebdomadische Kompositionsprinzip der *Mosella*«).

Tabelle der bei Ausonius genannten Arten der Moselfische (7+7+1 Arten)

Nr.	Ausonius (Verszahl)	Linnaeus 1758	deutsch	trierisch	luxemburgisch
1)	V. 85–87 (3) capito	Leuciscus cephalus	Döbel, Aitel	Mien'	Minn, Weißkap
2)	V. 88 (1) salar	Salmo trutta f. (orma) fario	Bachforelle	Forell'	Frell, jung: Stäfrell
3)	V. 89 (1) rhedo	Petromyzon marinus oder/und Lampreta fluviatilis	Meerneunauge Flußneunauge	–	Gro-ust Nengâ Nengâ
4)	V. 90 (1) umbra	Thymallus thymallus	Äsche	Aesch'	Esch
5)	V. 91–96 (6) barbus	Barbus barbus	Barbe	Barwen	Bâref, Barw
6)	V. 97–105 (9) salmo	Salmo salar	Lachs, Salm	Salm	Sâlem, ♂ Kröeppert, ♀ Föhr, E'erchert
7)	V. 106–114 (9) mustela	Lota lota	Quappe	?	Langföschmudder, Quack
8)	V. 115–119 (5) perca	Perca fluviatilis	Barsch	Beersch	Pisch
9)	V. 120–124 (5) lucius	Esox lucius	Hecht	Häächt	Hiecht
10)	V. 125 (1) tinca	Tinca tinca	Schleie	Schlei	Schlei
11)	V. 126 (1) alburnus	Alburnus alburnus	Laube	Schneiderchen	Alef, Schielalef, Schneider, ...
			Ukelei	Schehlalf, Schmandalf	Albes, Alef, Blenkert
12)	V. 127 (1) alausa	Alosa alosa	Maifisch	Ma-ifösch	Mäifösch, Els, Elsen
13)	V. 128–130 (3) sario	Salmo trutta	Meerforelle	?	Sâlemfrell, Bleiweißer
14)	V. 131–134 (4) gobio	Gobio gobio	Gründling	Gifken	Gif
15)	V. 135–149 (15) silurus	Acipenser sturio	Stör	–	Mi-erstëier

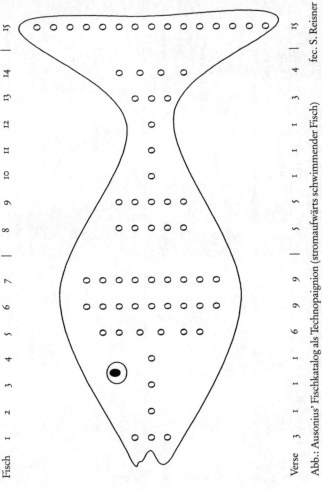

Abb.: Ausonius' Fischkatalog als Technopaignion (stromaufwärts schwimmender Fisch)

fec. S. Reisner

Die Verszahlen (3, 1, 1, 1, 6, 9, 9, 5, 5, 1, 1, 1, 3, 4, 15) der 15 Fische, durch je ein Bläschen oder je eine »Schuppe« pro Vers untereinander und in 15 Reihen nebeneinander angeordnet, ergeben in Form eines »quadratischen« (15 »Waagerecht«, 15 »Senkrecht«) Technopaignions die Gestalt eines von rechts nach links, d. h. stromaufwärts (V. 78 *per adversum ... flumen*) schwimmenden Fisches (übliche Schwimm- und Standrichtung gesunder Fische), mit breitem Schwanz und aufgestülptem Maul.

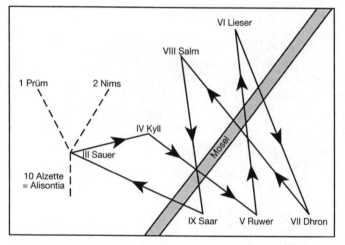

Abb.: Schematischer Aufbau des Flußkataloges mit Alisontia als Alzette

EINFÜHRUNG

1 Ausonius: Biographisches
2 Ausonius: Werkübersicht
3 Ausonius, *Mosella*
3.1 Gliederung, Inhalt und literarische Form der *Mosella*
3.2 Das hebdomadische Kompositionsprinzip der *Mosella*
3.3 Intention der *Mosella*
3.4 Abfassungszeit der *Mosella*
4 Rezeption des Ausonius, besonders der *Mosella*
5 Zu Text, Übersetzung und Kommentar

1 Ausonius: Biographisches

Hauptquelle für die Biographie des Ausonius sind seine Werke selbst: Decimus Magnus Ausonius wurde um 310 in Burdigala (Bordeaux) in Aquitanien (*provincia Novempopulana*) als Sohn des Iulius Ausonius, eines Landarztes von niederer Herkunft, und der aus einer vornehmen Haeduerfamilie stammenden Iulia Aeonia geboren. Er hatte drei Geschwister, die er als Zweitgeborener alle überlebte. Noch als Säugling kam er zu seiner Großmutter Aemilia Corinthia Maura, die ihn mit sehr großer Sittenstrenge aufzog; Mutterstelle vertrat eine Tante namens Aemilia Hilaria, die sich der Jungfräulichkeit verpflichtet hatte (*virgo devota*). Nach dem ersten Unterricht im Lateinischen und Griechischen in seiner Heimatstadt setzte er nach 320 seine Grammatik- und Rhetorikausbildung unter Leitung seines Onkels Aemilius Magnus Arborius, eines Bruders seiner Mutter, in Tolosa (Toulouse) fort, wo er über die dort seit 325 in einer Art Verbannung lebenden Brüder Constantins in erste Berührung mit Angehörigen der kaiserlichen Familie kam. Als Arborius, dem der Neffe nicht nur den Namen Magnus, sondern auch entscheidende Förderung verdankt, um 330 von Constantin als Prinzenerzieher nach Constantinopel berufen wurde, kehrte Ausonius nach Burdigala zurück, wo er nach Beendigung seiner Rhetorikstudien von der Gemeinde zunächst einen Lehrstuhl der Grammatik, später der Rhetorik erhielt und auch als Anwalt praktisch tätig war.

Verheiratet war Ausonius mit der einer vornehmen Familie Burdigalas entstammenden Attusia Lucana Sabina, deren frühen Tod mit nicht ganz 28 Jahren er ein Leben lang beklagte. Der Ehe mit ihr entstammten drei Kinder: ein früh verstorbener Sohn Ausonius, ein zweiter Sohn Hesperius und eine Tochter. Sein bedeutendster, wenn auch vielleicht nicht offizieller Schüler während seiner dreißigjährigen Lehrtätigkeit in Burdigala war Pontius Paulinus von Burdigala, der spätere Bischof von Nola. Während der Zeit in Burdigala verfaßte Ausonius nur unbedeutende, nicht für die Veröffentlichung bestimmte Familien- und Gelegenheitsgedichte (*Epigramme*, unten 2: Werkübersicht, Nr. 30).

Eine entscheidende Wendung erhielt sein Leben, als er aufgrund seiner erfolgreichen Lehrtätigkeit vermutlich 368 von Kaiser Valentinian I., der 364 den Thron bestiegen hatte, als Erzieher des 359 geborenen Kaisersohnes Gratian an den Hof nach Trier berufen wurde. Hier machte er Bekanntschaft mit den Trierer Professoren Ursulus und Harmonius, hier schloß er 369 Freundschaft mit dem berühmtesten Redner jener Zeit, Quintus Aurelius Symmachus. Ob Ausonius Valentinian und Gratian auf dem Alemannenfeldzug 368/369 begleitete, was aus der in Trier zwischen 371 (Geburt Valentinians II.) und 375 (Tod Valentinians I.) gedichteten *Mosella* sowie den *Bissula*-Gedichten erschlossen zu werden pflegt, läßt sich nicht mit hinreichender Sicherheit beweisen (s. unten 3.4: »Abfassungszeit der *Mosella*«).

Etwa 20 Jahre lebte Ausonius am Kaiserhof in Trier, hochangesehen von Valentinian und Gratian, den er in Grammatik und Rhetorik unterrichtete. Noch zu Valentinians I. Lebzeiten wurde er 371

Comes (›Begleiter‹ des Kaisers, höherer Hofbeamter) und 374 *Quaestor sacri palatii* (*Comes* 1. Ranges, eine Art Justizminister); in letzterer Funktion hatte er das Recht zur Teilnahme an Staatsratssitzungen und er redigierte die kaiserlichen Edikte. In den ersten Jahren (376–380) der Herrschaft Gratians, auf dessen sich bewußt von Valentinian absetzende Politik und Gesetzgebung er mildernden Einfluß ausübte, stiegen Angehörige und Freunde der Familie des Ausonius zu den höchsten Ehrenstellen des Westreiches empor: sein Sohn Hesperius wurde *Proconsul* von Africa, bald darauf *Praefectus praetorio Italiae Illyrici Africae*, sein Schwiegersohn Thalassius *Vicarius Macedoniae* und *Proconsul Africae*, sein Vater *Praefectus Illyrici*, sein Neffe Arborius *Comes sacrarum largitionum* (›Finanzminister‹) und *Praefectus urbi* (Roms), sein Schüler und Freund Paulinus *Consul suffectus*; entferntere Verwandte bekleideten weitere Ämter.

Ausonius selbst wurde 376 *Praefectus Italiae et Africae*, 378 *Praefectus trium Galliarum*, 379 mit seinem Sohn Hesperius Statthalter von Gallien nebst Italien, Illyricum und Africa sowie eponymer *Consul* (nach dem das Jahr benannt wurde). Die bekanntesten der in der Trierer Zeit entstandenen Dichtungen sind die *Versus paschales* (unten Nr. 4b), der *Cento nuptialis* (Nr. 24), der *Griphus ternarii numeri* (Nr. 25), die *Bissula*-Gedichte (Nr. 29), die *Mosella* (Nr. 28, s. oben; vgl. unten 3: »Ausonius, *Mosella*«), die Prosaschrift *Gratiarum actio* für die Verleihung des Consulates 379 (Nr. 3), damit zusammenhängend die *Precationes* (Nr. 4a) und die *Oratio consulis Ausonii versibus rhopalicis* (Nr. 4c), und vielleicht *Cupido cruciatur* (Nr. 27).

Nach der Ermordung seines Zöglings Gratian (383), der sich schon vorher unter dem Einfluß des orthodoxen Christentums von seinem Lehrer entfremdet hatte, und der Thron-Usurpation des Magnus Maximus mußte Ausonius auf Anweisung des neuen Herrschers zunächst noch in Trier bleiben, konnte aber bald, spätestens nach der Hinrichtung des Usurpators (388), seinem Sohn Hesperius, den Maximus hatte ziehen lassen, nach fast zwanzigjähriger Tätigkeit in Trier in die Heimat folgen. Hier lebte er in der Stadt Burdigala oder auf seinen nahegelegenen Gütern, in behaglicher Muße den Studien, der Dichtung und dem Briefwechsel mit seinen Freunden hingegeben. Hier entstanden fast alle seine Werke, um deren vollständige Übersendung ihn Theodosius, der nach dem Tode des Maximus alleiniger Kaiser war, in einem ehrenvollen Handschreiben bittet (s. Ausonius, Nr. 1, *Praefatiunculae* 3); doch hat der Kaiser weder ihn noch einen seiner Verwandten in seine Dienste berufen. Letztes Zeugnis für sein Leben ist der menschlich ergreifende Briefwechsel mit Paulinus, der sich nach seiner ›Konversion‹ allmählich vom früheren Literatendasein und auch vom ›Namens-Christen‹ Ausonius, dem das tägliche Morgengebet genügte, löste und sich ganz einem asketisch-monastischen Lebensideal zuwandte. Da diese Briefe auf die Zeit von 390 bis 394 führen, dürfte Ausonius vermutlich 394 oder kurz danach gestorben sein; sein letztes Lebenszeichen ist epist. 27 Peiper.

2 Ausonius: Werkübersicht

Die Werke des Ausonius, deren Überlieferungs- und Editionsgeschichte sehr verwickelt ist, lassen sich gliedern in A Persönliches, B Scholastisch-Historisches, C Kunstdichtung (Gliederung und Zählung nach Liebermann, Seitenangaben nach Peiper):

A Persönlich-familiäre Dichtungen
  1. *Praefatiunculae* (›Kurze Vorreden‹, S. 1-4): Poetische Vorreden an den Leser, an Syagrius sowie ein Brief an Kaiser Theodosius.
  2. *Ephemeris* (›Tagebuch‹, S. 5-15): In wechselnden Rhythmen Beschreibung eines Tagesablaufs des Dichters vom Aufstehen (mit christlichem Morgengebet) bis zum Schlafengehen.
  3. *Gratiarum actio* (›Dankabstattung‹, S. 353-376): Hymnischer *Panegyricus* (Lobrede) an Gratian für die Verleihung des Con-

sulats für das Jahr 379; längstes bekanntes Prosastück des Ausonius.
4. *Orationes* (›Reden‹):
a) *Precationes* (›Gebete‹, S. 24–27): Zwei Gebete paganen Charakters zur Begrüßung des Consulatsjahres 379.
b) *Versus paschales* (›Osterverse‹, S. 17–19): Christlich-dogmatisches hexametrisches Ostergedicht auf die Trinität.
c) *Oratio consulis Ausonii versibus rhopalicis* (›Rede des Consuls Ausonius in Keulenversen‹, S. 19–21): Versifiziertes christliches Glaubensbekenntnis in 42 hexametrischen ›Keulenversen‹, die aus fünf jeweils um eine Silbe zunehmenden ein- bis fünfsilbigen Wörtern bestehen.
5. *Parentalia* (›Totenfeiern auf Verwandte‹, S. 28–47): 30 Gedichte überwiegend in elegischen Distichen auf verstorbene Verwandte, mit prosaischer und poetischer Vorrede.
6. *Epicedion in patrem* (›Trauergedicht auf den Vater‹, S. 21–24): Dem Vater in den Mund gelegtes Gedicht über sich selbst in 32 Distichen, mit prosaischer *Praefatio*.
7. *De herediolo* (›Über das kleine Erbgut‹, S. 16f.): Beschreibung eines vom Vater ererbten Landgutes in 16 elegischen Distichen, mit (nicht authentischer) Prosa-Vorrede.
8. *Protrepticus* (›Aufforderung‹, S. 259–266): Aufforderung zum Studium der klassischen Autoren an den Enkel Ausonius (Sohn des Thalassius), mit Empfehlung des eigenen Lebenslaufs zur Nachahmung, in 100 Hexametern, mit vorangestelltem Prosabrief an den Sohn Hesperius.
9. *Genethliacos* (›Geburtstagsgedicht‹, S. 258f.): Gedicht in 27 Hexametern auf den 15. Geburtstag des Enkels Ausonius.
10. *Epistulae* (›Briefe‹, S. 220–309): Umfangreicher, zumeist in Versen und mitunter in sprachlicher Mischung von Latein und Griechisch gehaltener Briefwechsel mit tiefstem Einblick in Privatspäre und Lebensstil des Ausonius von den dreißiger Jahren bis 393/394, z.B. mit dem Vater, mit Symmachus und mit dem ehemaligen Schüler Paulinus von Nola.

B   Scholastisch-historische Dichtungen
11. *Ordo urbium nobilium* (›Rangfolge bekannter Städte‹, S. 144–154): Hexametrische Gedichte im Umfang von 1–41 Versen mit der Beschreibung der 20 berühmtesten Städte des Reiches in absteigender Rangfolge von Rom (Nr. 1, in 1 Vers) bis Burdigala (Nr. 20, in 41 Versen; Trier: Nr. 6, in 7 Versen).
12. *Commemoratio professorum Burdigalensium* (›Erinnerung an die Professoren von Burdigala‹, S. 48–71): In 26 Gedichten 24 Porträts verstorbener Grammatik- und Rhetorik-Professoren von Burdigala, überwiegend in elegischen Distichen, mit Prosa-Vorrede.
13. *Periochae* (›Inhaltsangaben‹, S. 377–405): Nach den einzelnen Büchern gegliederte, hexametrisch eingeleitete Prosa-Inhaltsangaben der homerischen *Ilias* und *Odyssee* mit Zitat der jeweiligen griechischen Anfangsverse.
14. *Epitaphia* (›Grabinschriften‹, S. 72–85): Grabinschriften in Hexametern und Distichen auf Gestalten des Troianischen Krieges (Nr. 1–26) sowie (Nr. 27–35) auf Niobe, Diogenes, unbekannte Personen, ein Rennpferd, mit Prosa-*Praefatio*.
15. *De regibus* (›Über die Könige‹): Könige Italiens zwischen Troianischem Krieg und dem Beginn der römischen Herrschaft, in Hexametern (nur Titel überliefert).
16. *Fasti* (›Kalender‹, S. 194f.): Vier poetische Nachworte in Distichen bzw. Hexametern zu einer von Ausonius zusammengestellten (verlorenen) Liste aller Consuln (*consularis liber*).
17. *Caesares* (›Die Caesaren‹, S. 183–193): Elegische Tetrasticha auf die Caesaren von Iulius Caesar bis Domitian (nach Sueton) sowie von Nerva bis Heliogabal, mit einleitenden monostichischen Gedichten auf alle Kaiser nebst Widmung an Hesperius.
18. *Cronica ab initio mundi usque ad tempus suum* (›Chronik vom Anfang der Welt bis zu seiner Zeit‹): Nur als Titel überliefert.
19. *De nominibus mensium Hebreorum et Atheniensium* (›Über die Namen der Hebräer und Athener‹ Monate): Nur als Titel überliefert.

20. *De traditionibus Hebreorum et interpretationibus Hebraicorum nominum* (›Über die Überlieferungen der Hebräer und die Übersetzungen der hebräischen Namen‹): Nur als Titel überliefert.
21. *Eclogae* (›Auserlesene Gedichte‹, S. 86-108) A: Gedichte vorwiegend in Hexametern und elegischen Distichen mit kalendarischem und astronomischem Inhalt (Wochentage, Monate, Sonnenumlauf, Jahreszeiten, Feste, Spiele).
22. *Eclogae* B: Hexametrische Gedichte philosophisch-reflektierenden Gehalts (z.B. drei *Pythagorica*, ›Pythagoreïsche Gedichte‹). – Darin: *De rosis nascentibus* (›Über das Wachsen von Rosen‹): Gedicht in elegischen Distichen über das Aufblühen und Verwelken der Rosen (andere Zuordnung bei Peiper, S. 409-411, und bei Green 1991, S, 669-671, bzw. 1999, 263f.).
C Kunstdichtung
23. *Technopaegnion* (›Kunstspiel‹, S. 155-168): 11 hexametrische Gedichte, in denen jeder Vers mit einem Monosyllabon endet und der nächste Vers mit demselben Monosyllabon beginnt, aus allen Lebensbereichen, Literatur, Grammatik, Mythos; mit drei prosaischen Einleitungen.
24. *Cento nuptialis* (›Hochzeits-Flickenteppich‹, S. 206-219): Parodisches Hochzeitsgedicht in 131 Hexametern aus Versteilen Vergils, mit prosaischem Vor- und Nachwort.
25. *Griphus ternarii numeri* (›Rätsel der Dreizahl‹, S. 196-205): Gelehrte und raffinierte Spielerei in 90 Hexametern über das Vorkommen der Zahlen Drei und Neun auf allen möglichen Lebensgebieten, mit prosaischer Vorrede.
26. *Ludus septem sapientum* (›Spiel der Sieben Weisen‹, S. 169-182): Komische Selbstvorstellungen der Sieben Weisen in iambischen Senaren unter Zitieren ihrer Kernsprüche auf griechisch; mit poetischer Widmung, Prolog und lustiger Person (*ludius*).
27. *Cupido cruciatur* (›Cupido wird gekreuzigt‹, S. 109-113): In 103 Hexametern mit Prosa-Einleitung Beschreibung eines

Wandgemäldes im Triclinium des Trierers Zoïlus über die Bestrafung des Liebesgottes durch liebende Frauen und Venus in der Unterwelt, was sich in einer Schlußpointe als nächtlicher Alptraum Amors erweist.
28. *Mosella* (›Die Mosel‹, S. 118–141): Preislied auf das Moselland, mit 483 Hexametern umfangreichstes Gedicht (und bekanntestes Werk) des Ausonius; s. oben.
29. *Bissula* (›Bissula‹, S. 114–117): Fragmentarischer Zyklus von vier Liebesgedichten in unterschiedlichem Versmaß mit Prosa- und zwei poetischen Vorreden auf das blonde blauäugige Schwabenmädchen Bissula, das dem Dichter aus der Beute eines alemannischen Feldzuges zugefallen ist. Die Sammlung hat ›priapeischen‹ Charakter.
30. *Epigrammata* (›Epigramme‹, S. 310–352): Mehr als 100, z. T. griechische und griechisch-lateinische, auch aus der griechischen *Anthologie* übertragene Epigramme in zumeist elegischen Distichen, dactylischen Hexametern, auch iambischen Versmaßen unterschiedlicher Thematik (z. B. auf die verstorbene Gattin, Kunstwerke, Philosophisches, Mythologisches, Spruchweisheit, Erotisches, Spott und Lobepigramme); darunter: *In notarium* (›Auf den Stenographen‹): Witzige Apostrophierung des Stenographen (andere Zuordnung bei Peiper, S. 12f., und bei Green 1991, S. 12f., bzw. 1999, S. 13f.).

3 Ausonius, *Mosella*

3.1 Gliederung, Inhalt und literarische Form der Mosella

Bevor der Frage nach der Gattung und möglichen Intention der *Mosella* nachgegangen wird, dürfte es hilfreich sein, zunächst einen schematischen Überblick über ihren Inhalt zu geben:

1) 1–22   Einleitung: Fiktive Reise von Bingen nach
            Neumagen
   a) 1–4   Bingen und die Nahe (~ Unterweltsfluß mit
            Toten)
   b) 5–11 Reise durch den Hunsrück (~ Tartarus)
   c) 12–22 Ankunft an der Mosel (~ Elysium)
2) 23–47   Hymnische Begrüßung der Mosel
3) 48–76   Lob des kristallhellen Wassers der Mosel
4) 77–149   Die Fische der Mosel
   a) 77–84 Proömium mit ›Musenanruf‹
   b) 85–149 (1.) Katalog von 15 (7+7+1) Fischen
5) 150–168 Preis der Weinberge und Winzer
6) 169–188 Gottheiten und ihre Spiele im Wasser
7) 189–199 Spiegelung der Rebenhänge im Wasser
8) 200–239 Ruderwettkämpfe auf der Mosel mit Wasser-
            spiegelung
   a) 200–207 Ruderwettkämpfe
   a') 208–219 Vergleich mit Schiffswettkämpfen bei Cumae
   b) 220–229 Wasserspiegelung der Ruderwettkämpfe
   b') 230–239 Vergleich mit einem Spiegel
9) 240–282 Fischfang auf der Mosel
10) 283–348 Landhäuser und Paläste an der Mosel
    a) 283–286 Einleitung
    b) 287–297 Vergleich der Mosel mit dem Hellespont
    c) 298–299 Proömium zum Architekten- und Landhäuser-
               Katalog
    d) 300–320 (2.) Katalog von sieben Architekten
    e) 321–334 (3.) Katalog von sieben Landhaus-Typen
    f) 335–348 Paläste mit Badeanlagen
11) 349–380 (4.) Katalog von zehn (2+7+1) Nebenflüssen der Mosel
12) 381–388 Charakteristik der Bewohner des Mosellandes
13) 389–417 Versprechen eines größeren Werkes mit sieben
            Themen auf die Mosel (5. Katalog)
14) 418–437 Vereinigung der Mosel mit dem Rhein

15) 438–468 Sphragis mit erneutem Versprechen eines Werkes
   a) 438–447 Sphragís (Siegel): Ausonius als Verfasser der *Mosella*
   b) 448–460 Versprechen eines künftigen Werkes
   c) 461–468 (6.) Katalog von sieben gallischen Flüssen
16) 469–483 Schluß
   a) 469–476 Künftiger Ruhm der *Mosella* (Fluß und Dichtung)
   b) 477–483 Siebenfache Apostrophe der Mosel (7. Katalog)

Die einzelnen Teile (die im übrigen auch leicht anders, z.B. in 14 Abschnitte, gegliedert werden könnten) stehen nicht unvermittelt nebeneinander. Ähnlich wie in der *Germania* des Tacitus, in der ein Stichwort des jeweils vorhergehenden Kapitels im folgenden aufgenommen und ausgeführt wird, lassen sich auch in der *Mosella* assoziative Übergänge feststellen, die als Gelenkstellen die einzelnen Teile miteinander verknüpfen: Die Ankunft in Neumagen an der Mosel (V. 22, letztes Wort: *Mosellae*) führt zu einer hymnischen Begrüßung des Flusses (V. 23–47, erste Worte: *Salve, amnis*; *Abschnitt 1 mit 2*); an das Lob ihrer kristallklaren, den Blicken durchschaubaren Fluten (V. 55–74; *Abschnitt 2 mit 3*) schließt sich der Katalog der Wasserbewohner an (V. 75–149; *Abschnitt 3 mit 4*); vom ›Aufzug‹ (*pompam*, V. 152) der Fische (V. 150f.) in der Tiefe gleitet der Blick hinauf in die entgegengesetzte Richtung zum ›Aufzug‹ der Reben auf den Höhen und den Winzern und damit zum literarischen Vorbild des Fischkataloges, dem Rebenkatalog in Vergils *Georgica* (V. 152–168; *Abschnitt 4 mit 5*) – das Bild des ›Festzuges‹ verhindert so ein Abreißen des Zusammenhanges. Doch auf der ›Bühne‹ (*scaena*, V. 169), auf der die Menschen (Winzer, Wanderer, Schiffer) – teils mit Scherz- und Spottrufen (V. 165 *certantes stolidis clamoribus*) – agieren, treiben auch die Gottheiten (tolpatschige Satyrn, Naiaden) ihr Unwesen (V. 169–188; *Abschnitt 5 mit 6*); aber während deren Wasserspiele menschlichen Blicken verborgen bleiben müssen (Wortfeld ›Geheimnis‹ V. 186–

188), darf das Anschauen der Spiegelung der Rebenhänge im Fluß offen (*palam*, V. 189) genossen werden (V. 189–199; *Abschnitt 6 mit 7*); diese ›Schau‹ (*species*, V. 189), die sich auch dem Schiffer (*navita*, V. 196, 197) ›in der Mitte‹ des Flusses bietet (*per medium*, V. 198), führt zu anderen ›Aufzügen‹ (*pompas*, V. 200) bzw. ›Schau‹spielen (*spectacula*, V. 200), den ›mitten auf dem Fluß‹ (*medio ... flumine*, V. 201) auf Schiffen (*lembi*, V. 201; *puppibus et proris*, V. 204) ausgetragenen Ruderwettkämpfen (V. 200–207; *Abschnitt 7 mit 8a*), deren ›Anschauen‹ (*spectat*, V. 206) mit dem ›Herabschauen‹ (*despectat*, V. 208) des Liber auf Schiffswettkämpfe im Golf von Neapel verglichen wird (208–219; *Abschnitt 8a mit 8a'*), was wiederum zurückführt zum Anblick (*speciem*, V. 220), den die rudernden Jünglinge bieten (V. 220–229; *Abschnitt 8a' mit 8b*), deren durch die Sonne auf dem Wasser bewirkten Spiegelbilder (V. 222–229) schließlich den Vergleich mit dem sich in einem (Lehnwort:) ›Spiegel‹ (*speculi*, V. 231) betrachtenden (*spectare*, V. 234) Mädchen hervorrufen (V. 230–239; *Abschnitt 8b mit 8b'*).

Die wettkämpfenden Bootsleute können aber auch einer anderen Tätigkeit nachgehen, die sich gleichfalls ›mitten auf dem Strom‹ (*medio ... amne*, V. 243) abspielt, jedoch nicht mehr wie bei den Ruderwettkämpfen ›auf dem Rücken des Stromes‹ (*super amnica terga*, V. 205), sondern ›in seiner ganzen Tiefe‹ (*toto ... profundo*, V. 241): dem Fischfang (V. 240–282; *Abschnitt 8 mit 9*), der in den Vergleich des seinem entschlüpften Fisch nachschwimmenden jugendlichen Anglers (V. 274f.) mit dem zwischen Fischen schwimmenden verwandelten Glaucus ausläuft (V. 276–282). Wie beim Fisch-Katalog zu den Reben, gleitet erneut der Blick aus der Tiefe in die Höhe (*despectant*, V. 283), dieses Mal zu den Landhäusern und Palästen (283–299, 321–348) an den Ufern des nun ›in ihrer Mitte irrenden Stromes‹ (*medius ... errans | amnis*, V. 285f.), einschließlich ihrer potentiellen Erbauer (V. 300–320; *Abschnitt 9 mit 10*); die Badeanlagen der Paläste (V. 337–348), die verwöhnte Benutzer lieber mit dem natürlichen Flußwasser vertauschen (V. 341–344), weisen einerseits auf die Landhäuser zurück (V. 283–

299), führen andererseits auf die Mosel selbst und ihre Nebenflüsse (V. 349-380; *Abschnitt 10 mit 11*). Doch der schon einmal aufgeschobene Abschied (V. 349) wird erneut verschoben durch die Apostrophe der Mosel als Mutter bzw. Vater auch der männlichen Bevölkerung (V. 381-388: *magne parens ... virum*; *Abschnitt 11 mit 12*). Ihre Leistungen leiten über zum Abbruch des unzulänglichen gegenwärtigen (*dilata et laude virorum*, V. 415) und Versprechen eines ausführlicheren Preisliedes (V. 389-417; *Abschnitt 12 mit 13*). Damit ist auch das ›geographische‹ Ende der *Mosella* erreicht (*Rhenique ... in undas*, V. 417), so daß der brüderliche Strom, der Rhein (*Rhene*, V. 418), gepriesen werden kann (V. 418-437; *Abschnitt 13 mit 14*).

Selbst die Sphragis, die Selbstvorstellung des Dichters als ›Siegel‹ unter seinem Werk, steht nicht ganz unverbunden (*Haec ... concino*, V. 438-443) hinter dem Vorhergehenden (V. 438-468; *Abschnitt 14 mit 15*); das erneute Versprechen eines größeren Werkes (V. 448-460) greift zwar das frühere auf (V. 392-414: Preis der *Belgica* als neues Thema), fügt aber auch etwas Neues hinzu: eine ›Ergänzung‹ der *Mosella* (*addam*, V. 454, 456, 458). An den diesen Abschnitt beendenden Katalog der gallischen Flüsse (461-468), die die Mosel als ihre Herrin anbeten werden (*dominae ... Mosellae*, V. 467), schließt sich dann die Schluß-Apostrophe der Mosel (*Mosella*, V. 469) wieder wie natürlich an (V. 469-483; *Abschnitt 15 mit 16*).

Kompositionelle Entsprechungen zwischen einzelnen Teilen zeigt auch der Gesamtaufbau: Dem Anfangsteil entspricht der Schluß (V. 469-483), der Begrüßung am Anfang (*Salve, amnis*, V. 23) der Abschied gegen Ende (*Salve, ... Mosella*, V. 381). Besonders aber sind die vier ersten, großen Kataloge (Fische, Architekten, Landhäuser, Nebenflüsse) symmetrisch bzw. chiastisch (ABB'A') über das Gedicht verteilt: Dem Fisch-Katalog (A) am Anfang (V. 77-149) entspricht der dem gleichen Element (Wasser) zugehörige Nebenfluß-Katalog (A') am Ende (V. 349-380); wie jener das Gelenk vom Anfang in den Hauptteil, so bildet dieser das Gelenk vom Haupt- in den Schlußteil; beide ›wässrige‹ Kataloge ›verstekken‹ die Zahl Sieben (Fische: 7 + 7 + 1; Nebenflüsse: 2 + 7 + 1). Die beiden thematisch gleichfalls zusammengehörenden ›steinernen‹ Architekten- (V. 300-320) und Landhäuser-Kataloge (V. 321-334) mit ihrer jeweils ›offenen‹ Siebenzahl bilden die Mittelglieder des Chiasmus (BB').

Diese vier großen Kataloge sind gleichzeitig ein Beispiel für poetische Technik, Erfindungsgabe und literarisches Selbstverständnis des Ausonius, der seine nationalen römischen Vorbilder nicht einfach nachahmen (*imitatio*), sondern wetteifernd übertreffen will (*aemulatio*): Vorlage des Fischkataloges mit seinen 15 kunstvoll angeordneten Vertretern ist – man staune über die Wandlungsfähigkeit eines dichterischen Sujets – der Rebenkatalog Vergils (*Georgica* 2,89-108) mit seinen gleichfalls 15 Weinsorten Griechenlands, Italiens, Kleinasiens und Ägyptens, die jedoch nach keinem erkennbaren Prinzip gegliedert sind. – Lucans Aufzählung (*Bellum civile* 2,399-427) von zweimal sieben Flüssen Italiens, die vom als Wasserscheide gesehenen Apenninen-Gebirge nach Osten in die Adria (2,405-420) bzw. nach Westen in das Tyrrhenische Meer abfließen (2,421-427), hat Pate gestanden für die (2 + 7 + 1 =) 10 Nebenflüsse, die der gewissermaßen als ›Wasserscheide‹ gesehenen Mosel von zwei Seiten her zustreben (*Mosella* V. 349-380); auch hier hat das kunstvolle ständige Springen von der einen zur anderen Moselseite keine Entsprechung in der Anordnung der zweimal je sieben italischen Flüsse, außer daß Lucan mit dem vierzehnten (2,426f.) geographisch und damit ringkompositorisch zum ersten zurückkehrt (2,401-405), was Ausonius dadurch übernommen hat, daß er mit der *Alisontia* (V. 370f.) als letztem Glied einen Sauer-Nebenfluß wählt wie die an erster und zweiter Stelle genannten Sauer-Nebenflüsse Prüm und Nims (V. 354). – Der Landhäuser-Katalog der *Mosella* (V. 321-334) überträgt passend auf sieben verschiedene Villen-Typen das, was Ausonius' literarische Vorlage Statius nach zehnfachem Gesichtspunkt von der einen *Villa maritima* des Pollius Felix in Surrentum (Sorrent) am Golf von Neapel aussagt (*Silvae* [›Wälder‹] 2,2,45–62). Für seinen Architekten-Katalog (V. 300–320) schließlich spricht Ausonius die Vermutung aus, daß die sieben Namen ›vielleicht‹ (*forsan*, V. 305) in den *Hebdomades* des Varro gestanden haben könnten – offensichtlich lag (ihm) dieses Werk nicht (mehr) vor. Den sieben Architekten des Altertums schließt sich als achter, literarischer Baumeister gemäß gut römischer Tradition Ausonius mit seinem Streben nach ausgewogener ›Monumentalität‹ seiner literarisch voraussetzungsreichen Dichtung an.

Der Überblick über den Inhalt dürfte gezeigt haben, daß sich auch die *Mosella* wie viele andere Werke der spätantiken Literatur einer eindeutigen gattungsgeschichtlichen Zuordnung entzieht. Man hat sie als Enkomion (*laudatio*, λαλιά, Lobgedicht bzw. -rede) oder Hymnus (vgl. V. 23–47, 381–388, 469–483) bzw. Panegyrikos (Prunkrede) auf die Mosel und als Ekphrasis (›ausmalende Beschreibung‹) der Mosel und ihrer Flußlandschaft bezeichnet, als didaktisches (d.h. Lehr-), nach rhetorischen Vorschriften und Dispositionsschema abgefaßtes Gedicht (u.a. wegen der Kataloge), als Beschreibung der Reiseroute bzw. Reisehandbuch (*Itinerarium*) des Dichters, als satirischen Reisebericht (Hodoiporikon) in der Tradition des *Iter Siculum* (›Sizilische Reise‹) von Lucilius (Buch 3) bzw. *Iter Brundisinum* (›Brundisinische Reise‹) von Horaz (*Sermones* 1,5), als Epibaterion (›Landungs-, Rückkehrgedicht‹), als Epos (Kataloge als epische Kompositionsglieder), Epyllion (Klein-Epos) oder Idylle (›Bildchen‹, d.h. Bild einfachen und friedlichen Lebens in ländlicher Abgeschiedenheit), als *carmen commendaticium* (›Empfehlungsgedicht‹). Gerade zu letzterem mag beigetragen haben, daß Städte und Stadtleben in ihr so gut wie keine Rolle spielen, daß hingegen ein für die Antike einzigartiges Naturgefühl die *Mosella* belebt, das, weil es so echt ist, geradezu als modern bezeichnet werden kann und Ausonius an die Schwelle der Neuzeit rückt. Offensichtlich haben Lokalitäten und Natur, besonders ihre die poetische Wirkung verstärkenden Farbkontraste, schon vor mehr als 1600 Jahren dieselben Eindrücke bei dem Betrachter hinterlassen wie heute, zumal bei dem in dieser Beziehung nicht verwöhnten Südländer; geradezu programmatisch klingt V. 51: *naturae mirabor opus* (›Ich werde das Werk der Natur bewundern‹). So reiht der Dichter assoziierend in buntem Wechsel einprägsam Szene an Szene: das bläuliche, kristallklare Wasser des Flusses, die z. T. farbenprächtigen Fische, die grünen Rebenhänge, das ausgelassene Spiel der Gottheiten, die Wasserspiegelung (mit dem geradezu romantischen Kabinettstück der Mosel im Schein des Abendsterns und dem träumerisch-einsam dahingleitenden Schiffer), die Ruderregatten, den Fischfang (mit der ergreifenden Schilderung eines verzweifelt um Leben und Freiheit ringenden Fisches und seines schließlichen Erstickungstodes), die Landhäuser, Paläste und Badeanlagen, die Nebenflüsse, die ›Mosellaner‹, die Vereinigung von Mosel und Rhein.

Mit diesem ›mosellanischen Nationalepos‹ hat Ausonius dem Moselland, das für fast zwanzig Jahre seine Wahlheimat war und zu dessen enthusiastischem Sänger er sich machte, ein einzigartiges und unvergängliches Denkmal gesetzt (s. unten 4.: »Rezeption des Ausonius, besonders der *Mosella*«).

3.2. Das hebdomadische Kompositionsprinzip der Mosella

Das Wort *M-O-S-E-L-L-A* besteht aus sieben (griech. ἑπτά = lat. *septem*) Buchstaben. Dadurch hat sich Ausonius, gleichzeitig *poeta doctus* und *poeta ludibundus* bzw. *lusor*, offenbar zu einer das ganze Gedicht durchziehenden gelehrten Spielerei mit dieser Zahl anregen lassen, gleichsam einem hebdomadischen Kompositionsprinzip.

Die Sieben liegt zunächst allen Aufzählungen (›Katalogen‹) in offener oder versteckter Form zugrunde. Offen: Der Landhäuser-Katalog (V. 283–348) zählt sieben verschiedene Villentypen auf (321, 322, 323 *haec*, 324 *illa*, 327 *quin etiam*, 331 *huic*, 333 *haec*), und zwar in 14 Versen (321–333). Der in ihn eingebettete Baumeister-Katalog (V. 300–320) nennt in 21 Versen sieben verschiedene griechische Künstler, die als Erbauer der Mosel-Villen in Frage gekommen wären (Daedalus, Philo, Archimedes, Menecrates, Chersiphron, Ictinus, Dinochares; den letzten in sieben Versen, V. 311-317). Den Inhalt des größeren Werkes über ›Taten und Sitten der Belger‹ (V. 394 f.), das Ausonius für die Zeit seines Ruhestandes verspricht, sollen sieben verschiedene Themen bilden (V. 399-414: Grundbesitzer, gesetzeskundige Redner bzw. redegewandte Juristen, Munizipalräte, Rhetorik-Professoren, Provinzialstatthalter, *vicarii* Italiens und Britanniens, ein namentlich nicht genannter *consul posterior*). Der Katalog der gallischen Flüsse, die dem Vergleich mit der Mosel nicht standhalten (V. 461-468), nennt sieben Namen (*Liger*/Loire, *Axona*/Aisne, *Matrona*/Marne, *Carantonus*/Charente, *Duranius*/Dordogne, *Tarnes*/Tarn, *Aturrus*/Adour; natürlich fehlt hier die heimische Garonne).

Die beiden noch fehlenden Aufzählungen der Fische und Nebenflüsse spielen geschickt mit der Sieben: Der Fisch-Katalog (V. 85-149) listet insgesamt 15 Fische auf (*capito, salar, rhedo, umbra, barbus, salmo, mustela, perca, lucius, tinca, alburnus, alausa, sarius, gobio, silurus*); 7 Fische werden in epischer Weise vom Dichter in Apostrophe angesprochen (V. 91-96, 97-105, 106-114, 115-119, 128-130, 131-134, 135-149). Die Verteilung der 15 Fische auf die einzelnen Verse zeigt deutlich, daß eine klar erkennbare Struktur zugrunde liegt: $3 + 1 + 1 + 1 + 6 + 9 + 9 \;||\; + 5 + 5 + 1 + 1 + 1 + 3 + 4 \;||\; + 15$, d. h. zwei Siebener-Gruppen und ein Einzelfisch. In beiden Siebener-Gruppen sind mit leichter Asymmetrie (Rahmung 1 / 3 bzw. 2 / 2) jeweils drei ›kleinere‹, d. h. in je einem Vers beschriebene Fische in jeweils vier ›größere‹ ›eingelegt‹, von denen die gleichzahligen (9 bzw. 5) in der Mitte paarweise zusammentreffen; den Abschluß bildet mit 15 von 65 Versen der fünfzehnte und größte Fisch, der ›Wal‹ der Mosel, der Stör, dessen lateinischer (*sil-urus*), aus dem Griechischen (σιλ-ουρός) kommender Name soviel wie ›Stups-Schwanz‹ bedeutet und somit spielerisch den Katalog beschließt, wie ihn der ›Großkopf‹/ Döbel (*capito*, von *caput* ›Kopf‹) ebenso spielerisch eröffnet. Würde man die Verszahlen der 15 Fische durch je ein Bläschen oder je eine ›Schuppe‹ pro Vers untereinander in 15 Reihen nebeneinander anordnen, ergäbe sich in Form eines quadratischen (15 ›Waagerecht‹, 15 ›Senkrecht‹) Technopaignions die Gestalt eines von rechts nach links, d.h ›stromaufwärts‹ (V. 78 *per adversum ... flumen*) schwimmenden Fisches (übliche Schwimm- und Standrichtung von Fischen) mit breitem Schwanz und aufgestülptem Maul (s. die Abbildung ›Fisch-Technopaignion‹ S. 82). Dafür, daß das beabsichtigt ist, spricht, daß Ausonius im Einleitungsbrief zum *Cento nuptialis* (S. 208,42-52 Peiper) ein – auch *loculus Archimedius* (›Archimedisches Kästchen‹) genanntes – ›Neckspiel‹ *ostomachia* (›Knochenkampf‹) beschreibt, bei dem ein Quadrat in 14 (durch eine Diagonale bzw. Senkrechte zweimal sieben!) Segmente zerlegt wird, die zu verschiedenen Figuren (genannt werden Elefant, Eber, Gans, Gladiator, Jäger, Hund, Turm, Trinkschale) zusammengesetzt werden können (s. Evelyn White I S. 395-397, mit der Figur des Elefanten; Pastorino, nach S. 656).

Die Aufzählung von zehn Mosel-Zuflüssen (V. 349-371), die den Katalog der zweimal sieben Flüsse Italiens in Lucans *Pharsalia* (2.399-427) zum Vorbild hat, nennt mit *Promea*/Prüm und *Nemesa*/Nims (V. 354) zunächst zwei Sauer-Zuflüsse, d. h. indirekte Nebenflüsse der Mosel. Darauf läßt Ausonius im Zentrum sieben direkte Mosel-Nebenflüsse folgen (V. 355-369: *Sura*/Sauer, *Celbis*/Kyll, *Erubris*/Ruwer, *Lesura*/Lieser, *Drahonus*/Dhron, *Salmona*/Salm und *Saravus*/Saar; ab *Celbis*/Kyll in ständigem Wechsel von der einen auf die andere Moselseite, so daß die geraden Zahlen 4 Kyll, 6 Lieser, 8 Salm auf der linken, die ungeraden 5 Ruwer, 7 Dhron, 9 Saar auf der rechten Seite liegen; siehe Abb. S. 83). Schließlich kehrt er ringkompositorisch mit einem dritten Sauer-Nebenfluß, der *Alisontia* = Alzette (V. 370f.), zum Anfang zurück: 10 = 2 + 7 + 1 – der Hauptgrund dafür, daß mit *Alisontia* nicht der direkte Mosel-Nebenfluß Eltz gemeint sein kann, denn dann wäre mit 10 = 2 + 8 das kunstvolle Bauprinzip zerstört.

Die *Mosella* endet mit einer siebenmaligen hymnischen Anrede

(Apostrophé) der Mosel mit *te* (›dich‹) in genau sieben Versen (V. 477–483); das letzte Wort bildet Ausonius' Heimatstrom *Garumna*, der in Buchstabenzahl (sieben) und Prosodie (kurze, lange, kurze Silbe) mit *Mosella* identisch ist, so daß beide Flußnamen austauschbar wären: *second voice*?

Wen wundert es noch? Auch die Zahl der Kataloge beträgt sieben (Fische, Architekten, Landhäuser, Nebenflüsse, Werkthemen, gallische Flüsse, Apostrophe)!

Weiter: Das Proömium der *Mosella* (V. 1–22) besteht aus zweimal elf Versen; die erste Elfergruppe (V. 1–11), mit dem gewichtigen dispondeïschen Wort *Constantini* am Ende, zerfällt in vier plus sieben Verse – die genaue Umdrehung des Proömiums der *Aeneïs* des augusteischen Dichters Vergil (1,1–11 = 7 + 4 Verse, mit dem gewichtigen spondeïschen Wort *Romae* am Ende von V. 7, wodurch Constantin indirekt mit Augustus gleichgesetzt wird); das *Aeneïs*-Proömium geht seinerseits auf die sieben Verse der *Ilias* Homers (1,1–7), der Mutter aller europäischen Dichtung, zurück (auch das Proömium des soeben für den Nebenfluß-Katalog genannten Vorbildes Lucan besteht aus sieben Versen, 1,1–7). Sowohl Vergil (vertreten durch seinen Geburtsort Mantua) als auch Homer (vertreten durch Smyrna, eine der *sieben* um die Ehre seines Geburtsortes wetteifernden Städte) nennt Ausonius (V. 375) als mögliche Lobredner der Mosel. – Ausonius verwendet in der *Mosella* – außer *uva* V. 175, ›Traube‹ – genau sieben verschiedene erlesene Bezeichnungen für Wein, wobei das gewöhnlichste Wort (*vinum*, ›Wein‹) wie so oft bei ihm fehlt (*Bacchus/Baccheius* 21, 25, 153, ›Bacchus‹/›baccheïsch‹; *Lyaeus* 158, 162, ›[Sorgen-]Löser‹; *palmes* 191, ›Rebschoß‹; *pampinus* 195, ›Weinlaub‹; *vindemia* 157, 195, ›Wein(-lese)‹; *vinetum* 160, 210, ›Weinberg‹; *vitis/viteus* 25, 152, 156, 196, ›Rebe‹ / ›Reb-‹).

Zudem lassen sich durch das ganze Gedicht hindurch thematisch Versgruppen mit 7, 14 oder 21 Versen ausheben (dafür, daß nicht die ganze *Mosella* strophenartig in Hebdomaden zerhackt ist, dürften künstlerische Überlegungen ausschlaggebend gewesen sein):

V. 5–11	(7):	2. Teil des Proömiums (siehe oben)
V. 48–54	(7):	erstes Räsonnement des Dichters selbst: Gegensatz Luxus-Natur
V. 68–74	(7):	Vergleich der Mosel mit Caledonien
V. 75–81	(7):	Überleitung zum Fischkatalog
V. 150–156	(7):	erstes Eingehen auf den Wein (im 4. Vers, d. h. im Mittelpunkt: *Baccheia munera*)
V. 175–188	(14):	Spiel der Gottheiten auf der Mosel
V. 189–195	(7):	Spiegelung der Reben im Wasser
V. 208–221	(14):	Schiffswettkämpfe auf der Mosel
V. 243–249	(7):	Drei Arten des Fischfangs
V. 276–282	(7):	Glaucus-Vergleich
V. 300–320	(21):	Baumeister-Katalog (siehe oben); darin:
V. 311–317	(7):	Dinochares (siebenter Baumeister)
V. 321–334	(14):	Landhäuser-Katalog (siehe oben)
V. 335–348	(14):	Paläste mit Badeanlagen
V. 389–395	(7):	Einleitung des Schlußteils
V. 418–424	(7):	Vereinigung von Rhein und Mosel
V. 431–437	(7):	Rhein und Mosel nach der Vereinigung
V. 438–444	(7):	Selbstvorstellung des Dichters (Sphragís)
V. 454–460	(7):	erneute Ankündigung eines größeren Werkes
V. 477–483	(7):	Schluß-Apostrophé an die Mosel (siehe oben).

Zu guter Letzt ist auch noch die Gesamtzahl der Verse der *Mosella* (483) 69mal durch sieben teilbar, nach allem ein fast zwingendes Argument gegen die Annahme von Lücken und Doppelfassungen[1] oder nachträglicher Einfügung des Verses 451 zwecks Erzwingung einer Datierung (s. unten 3.4: »Abfassungszeit der *Mosella*«). Um nun nicht vorschnell den – ohnehin unwahrscheinlichen – Ausfall von genau *sieben* Versen zu postulieren: Die ›Quersummen‹[2] von

---

[1] Willkürlich Schröder S. 60–63 (V. 170–174 Dublette zu V. 178–185).

[2] Die Quersumme war den Römern trotz ihrer kein Stellenwertsystem bildenden Zahlen als *regula novenaria* (›Neuner-Regel‹) bekannt, vgl. Varro, *De lingua Latina* (›Über die lateinische Sprache‹) 9,49,86; dazu Franz Dornseiff: Das Alphabet in Mystik und Magie, Leipzig, Berlin ²1925, ND

483 (CDLXXXIII bzw. CCCCLXXXIII) und 69 (LIX) sind identisch (4 + 8 + 3 = 6 + 9 = 15), bei 490 (XD bzw. CCCCXC) und 70 (LXX) wären sie es nicht (4 + 9 + 0 = 13 bzw. 7 + 0 = 7), ebenso bei 476 (CDLXXVI bzw. CCCCLXXVI) und 68 (LXVIII) nicht (4 + 7 + 6 = 17 bzw. 6 + 8 = 14). Also eine eingebaute Sicherung, d.h. ein echtes ›Siegel‹ (σφραγίς, sphragís) gegen Versausfall bei der ›krummen‹ Zahl 483 bzw. 69? Angesichts der sonstigen Zahlenspielereien in seinen Werken (z.B. *Griphus ternarii numeri*) wäre es Ausonius zuzutrauen, ebenso wie das Telestichon (aus den Endbuchstaben der Verse gebildetes Wort) der ersten vier Verse *M-O-S-E (e = ae)* oder *M-O-S-AE* mehr als Zufall zu sein scheint, nämlich ein ›etymologischer‹ Hinweis auf die *Mosa* (Maas), von deren Namen der der *Mosella* (›kleine Maas‹) abgeleitet ist und der der Dichter bzw. die Mosella hier huldigt (›für die Mosa‹) – wie später die Mosella dem Rhenus huldigen wird (418–437).

Schließlich liefert Ausonius auch einen theoretischen Unterbau für sein hebdomadisches Prinzip in Form einer ›wissenschaftlichen‹ Quellenangabe (V. 305–307): Die sieben griechischen Baumeister seines Kataloges könnten im 10. Band der *Hebdomaden* des römischen Universalgelehrten Marcus Terentius Varro (116–27 v. Chr.) einen Platz gehabt haben. Es handelt sich um das Werk *Hebdomades* (›Siebener-Gruppen‹) oder *Imagines* (›Bilder‹), in denen in 14 Bänden je sieben Hebdomaden berühmter griechischer und (in den geradzahligen Bänden) römischer Philosophen, Dichter, Schriftsteller, Staatsmänner, Erfinder, Baumeister, Ärzte, Feldherrn etc. behandelt waren (14 mal 7 mal 7 = 686); die an der run-

---

Leipzig 1960 (ΣΤΟΙΧΕΙΑ [STOICHEIA; 7), S. 115f.: »Um die ψῆφοι [pséphoi, fem.: ›Zahlenwerte‹] der Zahlen herabzumindern, d.h. auf ihre besonders beweiskräftigen Elemente zu bringen, zählt man die Zehner, Hunderter, Tausender als Einer. Man nannte das *regula novenaria*, weil man dabei die je 9 Zehner, Hunderter, Tausender in einheitlicher Weise vornahm. Es ist nichts anderes als die bei unserem Dezimalsystem so sehr erleichterte Quersumme. Niemals war die Erfindung der Null im Altertum so fällig wie bei diesen Zahlenoperationen, ein Beweis dafür, wie nahe zuweilen die Gedanken an eine große Entdeckung hinstreifen mögen. […] Denn wer die Psephos auf mathematischem Wege auf ihr Wesentliches zurückführte, hatte sie auf eine Art kondensiert, für deren Richtigkeit die ganze Struktur der pythagoreisch gesehenen Welt bürgte.« Zu Varro und Pythagoras siehe gleich.

den Zahl 700 noch fehlenden zwei Hebdomaden (14) vermutlich der jeweils bedeutendsten Fachvertreter waren entweder in einem Einleitungsbuch untergebracht oder paarweise den 14 Bänden beigegeben und jeweils mit Bild und Epigramm versehen, so daß man vom ersten römischen bebilderten Buch (*Imagines*) sprechen kann.

Doch auch Varro ist nur Vermittler. Zurück geht das hebdomadische Prinzip letztlich auf Pythagoras bzw. die pythagoreïsche Philosophenschule, in deren Zahlenspekulation und Musiktheorie die Sieben als heilige Zahl ebenso wie auch die Scheidung in Ungerade und Gerade (s. oben die Nebenflüsse) eine wichtige Rolle spielte: Setzt sich doch die Sieben aus der ungeraden Drei und der geraden Vier zusammen, d.h. aus der ersten echten ungeraden und vollkommenen Zahl (in der Drei liegen Anfang, Mitte und Ende) sowie der ersten echten Quadratzahl (Vier), ist also ähnlich wie die Fünf als Summe der ersten geraden und ungeraden Zahl (2 + 3) eine sog. ›Hochzeitszahl‹. Sollte noch ein Zweifel auch an Ausonius' Kenntnis der pythagoreïschen Hebdomadenlehre bestehen: Unter den Werken (*Eclogae* B: s. oben) des Ausonius finden sich drei ›Pythagoreïsche Gedichte‹ (*Pythagorica*), und zu den von Varro, Ausonius' Anregung für seinen Baumeister-Katalog, in seinen *Hebdomaden* geschilderten Männern gehörte auch Pythagoras.

3.3 Intention der Mosella

Schon immer ist die Meinung vertreten worden, daß sich hinter der – um eine der obigen gattungsgeschichtlichen Klassifizierungen aufzugreifen – ›naiven‹, typisierenden und idealisierenden Idylle der *Mosella* mehr verbirgt, nämlich ein politisches Programm. Registrieren wir zunächst die dafür in Frage kommenden Passagen.

Politische Implikationen erhält das Gedicht automatisch durch die Erwähnung von Mitgliedern des Kaiserhauses:

1. Die direkteste[3] Erwähnung des Kaiserhauses enthält V. 450: *Augustus pater et nati*, »Augustus Vater, und seine Söhne«, d. h. Valentinian und seine Söhne Gratian und Valentinian (II.);

2. V. 422 nennt *iunctos natique patrisque triumphos*, »d. h. die vereinigten Triumphe sowohl des Sohnes (Gratian) als auch des Vaters (Valentinian)« nach dem Alemannen-Feldzug.

Mehr oder minder deutliche politische Anspielungen bzw. Huldigungen gegenüber dem Kaiser hat man noch in folgenden Passagen vermutet (in der Reihenfolge des Gedichts):

3. V. 2: Erwähnung der neuen, durch Iulian errichteten Mauern Bingens, die Valentinian in seine Grenzbefestigungen (Rheingrenze) einbezogen hat (s. die Anm. zu V. 2);

4. V. 9: Ansiedlung von Sauromaten in der *Belgica*, die unter Valentinian durch Theodosius besiegt worden waren;

5. V. 10: die Ähnlichkeit von Wortlaut und Klang *et tandem primis Belgarum conspicor oris* (»und schließlich erblicke ich im vordersten Grenzgebiet der Belger«) mit Vergil, *Aeneïs* 6,2 (Aeneas betritt erstmals die ersehnte Küste Italiens) *et tandem Euboicis Cumarum adlabitur oris* (»und endlich gleitet er an die euböischen Küsten von Cumae«) und *Georgica* 2,171 (aus den *laudes Italiae*) *qui nunc extremis Asiae iam victor in oris* (»der du [Augustus] jetzt schon als Sieger an den äußersten Küsten Asiens«) parallelisiert die kriegerischen Erfolge und Friedenspolitik Valentinians im Westen mit der des Augustus im Orient (s. Görler S. 171–175, mit Hinweis auf Wamser); siehe auch unten Nr. 6, 9 und 12;

6. V. 77–149: der Fisch-Katalog parallelisiert gleichfalls durch seine Vorlage, den Reben-Katalog aus den *laudes Italiae* in Vergils *Georgica* 2,89–108, das friedliche Moseltal mit dem als saturnisches Land des Goldenen Zeitalters gesehenen Italien (siehe Dräger, Vom Wein zum Fisch).

---

[3] Die Namen *Valentinianus* und *Gratianus* sind aus metrischen Gründen (Creticus, d.h. Silbenfolge lang – kurz – lang) im Hexameter ebensowenig verwendbar wie *Iulianus*.

7. V. 91f.: die Erwähnung der Saarbrücke bei *Contionacum*, wo Valentinian einen Sommerpalast besaß, in dem er sich gerade 371 aufgehalten hat;

8. V. 108: die Verpflanzung der Quappe aus der Donau in die Mosel könnte auf Veranlassung des aus Pannnonien stammenden Valentinian geschehen sein, »um die Bedürfnisse der kaiserlichen Küche zu befriedigen«[4];

9. V. 318-348: die Beschreibung der Landhäuser, Paläste und Badeanlagen soll (besonders die oberen Klassen) zur Besiedlung des Mosellandes einladen;[5]

10. V. 349-380: der Nebenfluß-Katalog kontrastiert durch seine Vorlage, die Fluß-Kataloge aus Lucans *Bellum civile* 2,399-427, das friedliche Moseltal mit dem bürgerkriegsgequälten Italien (siehe Dräger, Alisontia S. 461 bzw. S. 38);

11. V. 386-388: »nicht allein Rom hat Männer wie Cato oder Athen wie Aristides«, auch die Kaiserstadt Trier kann sie mit Valentinian aufweisen (Weis S. 95; s. schon John, Gliederung S. 104);

12. V. 418-420: »die Huldigung des Rheines mit deutlichster Beziehung auf das wehrpolitische Programm des Kaisers«;[6]

13. V. 454-460 (*addam urbes, tacito quas subterlaberis alveo,* | ...): die Verse mit der Ankündigung eines größeren Werkes ähneln nicht nur erneut solchen aus den *laudes Italiae* in Vergils *Georgica* (2,155-157: *adde tot egregias urbes operumque laborem,* | ... | *fluminaque antiquos subterlabentia muros,* »füge hinzu so viele ausgezeichnete Städte und die Mühe der Werke, | ... | und Flüsse, die an alten Mauern unten vorübergleiten«), sondern auch Vergils Ankündigung eines Werkes über die Siege des Augustus, *Georgica* 3,30 (*addam urbes Asiae domitas pulsumque Niphaten* | ... »hinzufü-

---

[4] John, Mosella S. 92; doch s. dazu meinen aus fischbiologischer Sicht gegebenen Kommentar zu V. 106-114.

[5] Wightman S. 165 (vgl. Heinen, Trier S. 299 zu Mos. 318-348: »einseitig positive Züge«), doch mit unzulässiger Beschränkung auf »the cultured and wealthy classes who could afford to invest heavily in land« – die durch *urbanitas* und *humanitas* geprägte Lebensform ist typisch römisch.

[6] John, Gliederung S. 104f. (der eine politische Tendenz des Gedichtes »besonders fühlbar in den VV. 374-80, 386ff., 421ff., 434f.« sieht); vgl. schon Böcking S. 99.

gen werde ich die Städte Asiens und den geschlagenen Niphates [›Schneeberg‹, Berg in Armenien] | ...«): »Wie Augustus von Vergil wird hier Valentinian von Ausonius gepriesen: wie unter Augustus die Städte des Ostens scheinen Ausonius die Städte des Moseltals endlich von der Last des Krieges befreit.« (Görler S. 167f., 173f., Zitat S. 174).

14. Schließlich hat man sogar im Fehlen sowohl jeglichen Hinweises auf Christliches (das Fisch-Technopaignion wird man besser nicht als christliches Symbol deuten) als auch jeglicher Polemik gegenüber Heidnischem in der *Mosella* ein *argumentum e silentio* für die Religionspolitik des in religiösen Dingen (im Gegensatz zu Gratian) indifferenten Valentinian sehen wollen.[7]

Mag die eine oder andere Anspielung auch gesucht erscheinen: Ihre cumulative Evidenz weist auf ein politisch-propagandistisches Programm der *Mosella*, die im Sinne der Bestrebungen des Kaisers Valentinian I., der den von seinen Vorgängern geschaffenen Frieden erfolgreich behauptete, als *carmen commendaticium* (›Empfehlungsgedicht‹) das Vertrauen zu dem jetzt durch gewaltige Festungen gesicherten (vgl. V. 457 *modo securis ... Belgis* »für die jetzt sorgenfreien Belger«) Mosselland herstellen und so dezent versteckt zu seiner Neubesiedlung nach den verheerenden Alemannen-Einfällen der zweiten Hälfte der sechziger Jahre des 4. Jahrhunderts animieren will (vgl. Heinen, Trier S. 246, 255, 357). Sanftes kaiserliches Drängen ist dabei so wenig ausgeschlossen wie bei Augustus/Vergil. Wie Italien in den *laudes Italiae* der *Georgica* Vergils, einer literarischen Vorlage des Ausonius, wird das als *locus amoenus*, ja Elysium gesehene Moseltal in der *Mosella* idealisiert, auch durch Kontrast-Imitation zu einer anderen literarischen Vorlage, dem *Bellum civile* Lucans mit seiner Schilderung des bürgerkriegsgequälten Italien, hinter der gleichfalls die *Georgica* Vergils stehen.

---

7 Marx, Mosel S. 370, 388 (vgl. John, Mosella S. 126). – V. 434f. (*vires*) sind allerdings keine »neu errichteten Festungen« (S. 385; vgl. John, Gliederung S. 104), sondern die dem Rhein zufließenden Wassermassen der Mosel.

Auf jeden Fall ist ein Urteil, die großen Weltbegebenheiten und damit der Pulsschlag jener bewegten Zeit blieben ausgeblendet (z.B. die Verbreitung des Christentums, die latente Gefahr der Barbaren-Einfälle, der wirtschaftlich-gesellschaftliche Umbruch) in dieser Pauschalität ungerechtfertigt.

3.4 Abfassungszeit der Mosella

Ansatzpunkt für die Datierung sind die (vielgequälten) Verse 450–452: »(wenn mich nach Burdigala ...) Augustus Vater und seine Söhne, meine größte Sorge, nachdem ich mit den ausonischen (= italischen, römischen) Rutenbündeln und der curulischen (= consularischen) Ehre geschmückt bin, nach dem Ende meiner Unterrichtszeit entlassen werden«. Der Augustus Valentinian I. hat somit einerseits mindestens zwei Söhne, d.h. neben dem 359 geborenen Gratian auch noch den im November 371 geborenen Valentinian II. (eine Auffassung ›Augustus Vater und meine größte Sorge um den Sohn [Gratian] werden mich ... entlassen‹ richtet sich aus sprachlichen Gründen ebenso selbst wie die Deutung, Ausonius habe in vorauseilender Schmeichelei prophylaktisch die Geburt weiterer Kinder prophezeit). Andererseits setzen die Verse den noch lebenden Kaiser Valentinian I. († 375) voraus. Damit ergibt sich als Abfassungszeit der *Mosella* der Zeitraum 371–375, wobei das untere Datum eher heraufzusetzen ist, um nicht den Eindruck zu erwecken, Ausonius sehe sich bereits als Erzieher eines gerade geborenen Säuglings.

Dazu stimmt ein externes Zeugnis: Symmachus konstatiert in einem Brief an Ausonius (1,14), daß die *Mosella* seines Freundes »durch die Hände und Taschen vieler fliege« (1,14,2), er selbst aber kein Exemplar vom Verfasser erhalten habe, und das, obwohl er den Gegenstand des Werkes, die Mosel, aus eigener Anschauung kennengelernt habe, da er »schon vor langer Zeit die Feldzeichen der unvergeßlichen Kaiser begleitete« (1,14,3: *cum aeternorum principum iam pridem signa comitarer*). Es ist aus einer anderen Werkstelle des Symmachus (*oratio* 2,3) bekannt, daß Symmachus am alemannischen Feldzug Valentinians (und Gratians) im Jahre 368 teilgenommen hat. Da die Formulierung ›der unvergeßlichen Kaiser‹ den noch lebenden Valentinian voraussetzt, führt der Passus ›schon vor langer Zeit‹ ebenfalls eher in die Jahre 375/376 als 370/371 als Erscheinungsdatum der *Mosella*, denn die Spanne zwischen 368/369 und 370/371 ist nicht eben sonderlich lang. Zudem steht der Brief offensichtlich noch unter der Wirkung des ungeheuren Publikumserfolges des Werkes.

Aber konnte Ausonius so früh und – wie der Ausgang zeigt – mit so unberechtigten Hoffnungen auf das Consulat, das er erst 379 erlangte, an die Öffentlichkeit gehen? Dieser weitverbreitete Einwand, der zu so gewaltsamen Mitteln wie dem Herausschneiden des V. 451 als späteren Zusatzes bzw. einer zweiten Auflage angehörig geführt hat (wodurch die ›versiegelte‹, durch sieben teilbare Verszahl 483 verletzt würde), schwindet bei der Annahme, daß Ausonius offenbar für 376 entsprechende Zusagen von Valentinian hatte, die jedoch durch den Tod des Kaisers zunichte gemacht wurden, vielleicht auch durch den erst sechzehnjährigen Thronfolger nicht durchgesetzt werden konnten; das verschiedentlich in der *Mosella* durchklingende Kaiserlob (s. oben) könnte nicht nur der Dank für das in Aussicht gestellte Amt sein, sondern überhaupt erst die Abfassung des Werkes initiiert haben. So würde die Publikation der *Mosella* in die Zeit des Todes des Kaisers (17. November 375) rücken. – Unabhängig von Datierungsfragen gibt es jedoch eine ganz andere Lösung für die relativ lange Spanne zwischen Verweise auf das erhoffte Consulat (370/371 oder 375/376) und seinem Bekleiden (379): Das Amt könnte Ausonius von Valentinian ohne zeitliche Fixierung als Belohnung für die Erziehertätigkeit zugesagt worden sein. Daß generell ein Versprechen vorgelegen hat, deutet Ausonius in der Dankrede (*Gratiarum actio*) von 379 für die Verleihung des Consulates selbst an, 5,22: *sive te pondere conceptae sponsionis exoneras, seu fideicommissum patris exsolvis* (»sei es, daß du dich vom Gewicht eines übernommenen Gelöbnisses entlastest, sei es, daß du eine getreuliche Zusage deines Vaters einlöst«).

Nach allgemeiner Ansicht soll am Alemannenfeldzug Valentinians von 368/369, in dessen Nähe die *Mosella* immer wieder gerückt wird, zusammen mit dem noch nicht zehnjährigen Gratian (was durch den Geschichtsschreiber Ammianus Marcellinus bezeugt ist, 27,10,6; 27,10,10) auch dessen Erzieher, der ca. sechzigjährige Rhetorik-Professor Ausonius, teilgenommen haben. Abgesehen davon, daß Symmachus in seinem Brief kein Wort von dieser Gemeinschaft sagt (z.B. *tecum*, »mit dir«), gibt es kein direktes Zeugnis des Ausonius selbst; keine Stelle in der *Mosella* (V. 1-22; V. 421-425), den *Bissula*-Gedichten sowie dem *Cento nuptialis*, aus denen das mehr oder minder gewaltsam extrapoliert wird, gibt das her, sondern läßt sich ohne Zwang anders erklären:

Mosella V. 1-22: Es ist längst erkannt, daß hinter Ausonius' Reise von Bingen nach Neumagen als literarisches Vorbild Vergil, *Aeneïs* Buch 6, steht: Wie Aeneas zunächst die Unterweltsflüsse, den vom Schlamm trüben Acheron sowie Cocytus und Styx, überquert (V. 295-416), an denen die unbegrabenen Toten warten (V. 325 *inops inhumataque turba* »der hilflose und unbestattete Haufen«), dann die waldigen Gefilde der Trauer durchwandert (V. 440-547, vgl. 154f., 268f.) und ›schließlich‹ (V. 637 *demum*) in das Elysium kommt (V. 640f. *largior hic campos aether et lumine vestit | purpureo, solemque suum, sua sidera norunt* »reichlicher und mit purpurschimmerndem Licht umkleidet hier der Äther die Gefilde, und ihre eigene Sonne, ihre eigenen Sterne kennen sie«), so überquert Ausonius die noch im Morgennebel liegende Nahe (V. 1), an deren Ufern angeblich noch die Toten eines vor 300 Jahren stattgefundenen Kampfes unbestattet liegen (V. 4 *infletaeque ... inopes ... catervae* »und unbeweint ... hilflos ... die Scharen«), durchwandert den durch seine Waldungen düsteren Hunsrück (V. 5-9; vgl. 14f.) und erblickt ›endlich‹ (V. 10 *tandem*) bei Neumagen das sonnendurchflutete Moseltal (V. 12f. *Purior hic campis aër Phoebusque sereno | lumine purpureum reserat iam sudus Olympum*, »Reiner ist hier auf den Feldern die Luft und Phoebus | entriegelt schon mit hellem Licht heiter den purpurschimmernden Olymp«; vgl. 16f.). Die Reise des Ausonius, der ausschließlich in der 1. Person Singular erzählt, wie auch bezüglich Aeneas trotz Begleitung durch die Sibylle häufig die 3. Person Singular verwendet wird (z. B. V. 477, 483, 495, 499, 548, 559, 635f., 703), ist somit literarische Fiktion: Durch assoziative, dem gebildeten Leser leicht kenntliche Zitate wird die Nahe mit Acheron/Styx, der Hunsrück mit dem Tartarus, das Moseltal mit dem Elysium gleichgesetzt. Nichts berechtigt zu der zwingenden Annahme, Ausonius kehre von einem alemannischen Feldzug im Rhein-Neckar-Gebiet 368/369 auf einer historisch beglaubigten Reise von der Nahe durch den Hunsrück nach Trier zurück. Die Reise selbst kann er – und wird er – natürlich irgendwann, auch öfter, unternommen haben.

Mosella V. 421–425: Ein Vorzug der Mosel gegenüber dem Rhein bestehe darin, daß sie aus einer Stadt komme (Trier), die den vereinigten Triumph von Sohn (Gratian) und Vater (Valentinian) über die Germanen bei *Lupodunum* am Neckar und an den Donauquellen gesehen habe; ›kürzlich, gerade, eben‹ (*modo*, V. 425) sei der lorbeergeschmückte Siegesbrief eingetroffen. Es steht prinzipiell dem nichts entgegen, diese Verse auf die sog. Schlacht bei Ladenburg (*Solicinium*) 368/369 zu beziehen, nur darf diese nicht als *terminus post quem* für eine Datierung der *Mosella* auf 371 (Geburt des zweiten Kaisersohnes) oder gar – bei (sprachwidriger) Auffassung von *nati mea maxima cura* (V. 450) als ›meine größte Sorge um den Sohn (Gratian)‹ – auf 368/369 genommen werden: *modo* kann im Lateinischen Zeiträume von mehr als 20 Jahren (z.B. Livius 6,40,17; 22,14,13: 24 Jahre), ja sogar 70 Jahre (z.B. Cicero, *De officiis* 2,21,75) abdecken. So weit brauchen wir aber gar nicht zu gehen: Es genügen bis ca. 375/376 vergleichsweise bescheidene sechs bis sieben Jahre.

Bissula 3,3. (›gefangen mit der Hand, doch entlassen aus der Hand, regiert sie zu dessen | Wonne, dessen Kriegsbeute sie war‹): Ausonius muß Bissula nicht eigenhändig gefangen haben; der Kaiser kann ebensogut das junge blonde Sueben-Mädchen dem fast

Sechzigjährigen aus der Kriegsbeute geschenkt haben, der es dann freiließ und zivilisierte, d.h. romanisierte.

Cento nuptialis (oben Nr. 24): Eine Bemerkung vom Schluß des einleitenden Briefes an Paulus hat offensichtlich zu der Annahme verführt (s. Evelyn White I S. 377 Anm. 1; Pastorino S. 656 Anm. 9), dieser Vergil-Cento sei auf einem Feldzug, nämlich dem gegen die Alemannen, geschrieben (S. 208, 61–63): *dices me composuisse centonem, et quia* sub imperatore meo tum merui, *procedere mihi inter frequentes* stipendium *iubebis* (›Du wirst sagen, ich hätte einen Cento verfaßt, und, da ich ja *damals unter meinem* ›*Befehlshaber*‹ *gedient habe*, wirst Du anordnen, daß mir unter zahlreichen [d.h. ›regulär‹] *ein Sold* gezahlt werde‹). Dabei wurde übersehen, daß diese der Militärsprache entlehnte Wendung ein Bild aus dem Anfang des Briefes aufnimmt, wo Ausonius sich gegenüber dem Briefempfänger wegen der ›Entehrung‹ (*dehonestasse*) Vergils durch ein ihm aufgezwungenes Kräftemessen mit dem Kaiser rechtfertigt (S. 206, 10–14): *sed quid facerem? iussum erat: quodque est potentissimum imperandi genus, rogabat, qui iubere poterat, sanctus imperator Valentinianus, vir meo iudicio eruditus. nuptias quondam eiusmodi ludo descripserat* (›Aber was hätte ich tun sollen? *Es war angeordnet worden*; und, was die mächtigste Art *des Befehlens* ist, es bat der, der hätte *anordnen* können, der erhabene ›*Befehlshaber*‹ Valentinianus, nach meinem Urteil ein gebildeter Mann. Er hatte einst eine Hochzeit in einem Spiel von dieser Art beschrieben.‹). – Dasselbe gilt für eine Wendung in einem Brief des Ausonius an Symmachus, Auson. epist. (oben Nr. 10) 2 (S. 223, 28–32 = Symm. epist. 1,32): *et expertus es fidem meam mentis atque dictorum, dum in comitatu degimus ambo aevo dispari. ubi tu veteris militiae praemia tiro meruisti, ego tirocinium iam veteranus exercui* (›Und Du hast die Zuverlässigkeit meiner Gesinnung und Worte erfahren, während wir beide im Gefolge [d.h. am Kaiserhof] lebten, in ungleichem Alter, wo Du die Belohnungen des alten Kriegsdienstes als Rekrut verdientest, ich den Rekrutendienst als schon Altgedienter ausübte.‹). Hier handelt es sich offensichtlich um eine Erinnerung an ihren gemeinsamen Aufenthalt am kaiserlichen Hof (*comitatus*) in Trier. Also ist auch der *Cento nuptialis* kein historisches Zeugnis für eine Kriegsteilnahme des Ausonius und einen Dichterwettstreit im Lager; Feldzug und Dichten sind lediglich für den *Griphus ternarii numeri* (›Rätsel der Dreizahl‹, oben Nr. 25) durch dessen *Praefatio* bezeugt (S. 197, 20–22): *fuit autem ineptiolae huius ista materia. in expeditione, quod tempus, ut scis, licentiae militaris est, super mensam meam facta est invitatio* (›Es war aber folgendes der Stoff zu dieser kleinen Albernheit: Auf einem Feldzug, was, wie Du weißt, die Zeit soldatischer Ausgelassenheit ist, kam es an meinem Tisch zu einer Aufforderung [zum Trinken]‹) sowie durch einen Brief (oben Nr. 10) an Theon (epist. 14, S. 248, 81): *quod militantes scribimus* (›was wir im Kriegsdienst schreiben‹).

Somit gibt es kein beglaubigtes Zeugnis für eine Teilnahme des Ausonius am Alemannenfeldzug der Jahre 368/369; doch selbst wenn es ein solches gäbe, berechtigte es nicht automatisch dazu, die einleitenden Verse der *Mosella* auf eine Rückkehr des Dichters vom Feldzug, allein oder mit Gratian im Gefolge, zu beziehen. Nach allem Dargelegten ist unmittelbarer *terminus ante quem* für die Abfassungszeit der *Mosella* der Tod Valentinians am 17. November 375 (vgl. Drinkwater S. 451). Das bedeutet gleichzeitig, daß die in *Mosella* V. 409–414 namentlich nicht genannte Persönlichkeit, der nur noch das oberste Amt in der politischen Karriere fehlt, nicht Sextus Petronius Probus, der Consul von 371, sein kann.[8]

4 Rezeption des Ausonius, besonders der *Mosella*

Den Erfolg von Ausonius' Dichtungen, namentlich der *Mosella*, die sie den Werken Ciceros und Vergils, des größten römischen

---

[8] Letzteres gleichfalls, wenn auch aus anderen Gründen, Coşkun (Ein ... Beamter), von dessen Hypothesen (s. auch gens Ausoniana S. 37–99) ich lediglich den Beginn von Ausonius' Trierer Erziehertätigkeit (368 statt 365) und das Datum seiner Quaestur (374 statt 375) akzeptiere; Ausonius' Teilnahme am Alemannenfeldzug, damit im Zusammenhang stehende Veröffentlichung der *Mosella* bereits 369–370 sowie Rückkehr nach Burdigala 379 (statt 388) bleiben spekulativ.

Prosaikers bzw. Klassikers, zur Seite stellen, bezeugen schon Ausonius' Zeitgenossen Symmachus (*Epistulae* 1,14; 1,31 = Auson. *Epistulae* 1, mit Ausonius' Antwort, *Epistulae* 2 = Symmachus, *Epistulae* 1,32), Kaiser Theodosius (siehe Auson. *Praefatiunculae* 3, mit Ausonius' Antwort, ebd. 4) und Paulinus Nolanus (siehe carm. 10,177; 233; 240f. und Auson. epist. 23,5 = Paulin. carm. 3). Für die *Bissula*-Gedichte interessiert sich Ausonius' Freund und ehemaliger Kollege, der Rhetor und Dichter Axius Paulus. Zu spüren ist Ausonius' Einfluß bei seinem Freund, dem Panegyriker Drepanius Pacatus, bei Ammianus Marcellinus, in der *Historia Augusta*, bei Endelechius (um 400), Claudian (um 400, einschl. *Mosella*), dem Dichter Cyprian (4. Jh.), Prudentius (2. Hälfte des 4. Jh.), Paulinus von Pella (5. Jh.), Rutilius Namatianus (1. Hälfte des 5. Jh., *Mosella*), Apollinaris Sidonius (2. Hälfte des 5. Jh.), Ennodius (473–521), Victorius, Paulinus von Petricordium (Périgueux), Pseudo-Orientius, am meisten aber in den Moselgedichten (besonders carm. 6,8 *De coco, qui ipsi navem tulit* ›Über einen Koch, der ihm das Schiff genommen hat‹; 10,9 *De navigio suo* ›Über seine Schiffsreise‹)[9] des Venantius Fortunatus (2. Hälfte des 6. Jh.) sowie in der um 400 n. Chr. entstandenen Sammlung der *Epigrammata Bobiensia*, von der einzelne Gedichte ihren Weg schon in die Appendix der *Opuscula* des Ausonius gefunden hatten; im 5./6. Jh. bei Dracontius, Fulgentius, Arator, Boethius, Sedulius, Eugenius von Toledo und dem Grammatiker Iulian; ferner in den *Carmina duodecim sapientum* (›Sprüche der zwölf Weisen‹), der Schrift *De dubiis nominibus* (›Über zweifelhafte Substantive‹, 7. Jh.), den *Versus cuiusdam Scoti de alfabeto* (›Verse eines gewissen Scoten über das Alphabet‹, 1. Hälfte des 7. Jh.), in Gedichten des Eugenius III. von Toledo (7. Jh.), bei Beda Venerabilis (672/673–735), Lul von Mainz (8. Jh.), dem Schüler und Nachfolger des Bonifatius, bei Radbert von Corbie (um 790 – um 860),

---

[9] Dazu Verf.: Zwei Moselfahrten des Venantius Fortunatus (carmina 6,8 und 10,9). In: Kurtrierisches Jahrbuch 39 (1999) S. 67–88.

Florus von Lyon († um 860), Auxilius († nach 912) und vielleicht Salomo III. († 920).

In der Karolingerzeit hinterläßt die *Mosella* Spuren bei Walahfrid Strabo und seinem Schüler Ermenrich von Ellwangen (beide 9. Jh.), der sie reichlich ausschreibt und auf den Preis des Rheins überträgt, ohne jedoch das Plagiat kenntlich zu machen; ferner bei Paulus Diaconus (um 720 – um 799), im Epos *Hibernicus Exul*, bei Ermoldus Nigellus († um 835), vielleicht auch bei Aldhelm von Malmesbury (um 640–709). Aus lokalem Interesse wird das bekannteste Werk eines der bekanntesten Trierer in den *Gesta Trevirorum* (12. Jh.) verwertet (s. oben zu Mos. 311–317). Andere Werke werden nachgeahmt (*Technopaegnion*) von Reginald von Canterbury († nach 1109), Hariulf von St. Riquier (um 1060 – 1143), (*Oratio*) von Fulbert von Chartres (um 960 – 1028), Hildebert von Lavardin (1056 – 1134), Galfred von Vinosalvo († um 1210); Echos der Korrespondenz mit Paulinus Nolanus finden sich bei Theodulf von Orleans (um 750 / 760 – 821), Marbod von Rennes (um 1035 – 1123), Walter von Châtillon (um 1135 – um 1179) und Joseph von Exeter († um 1210). Doch ist die Rezeptionsbereitschaft des Mittelalters wohl im ganzen beeinträchtigt durch die als Christenfeindlichkeit verstandene Auseinandersetzung des Ausonius mit seinem ehemaligen Schüler Paulinus von Nola; Ausonius findet sich weder in mittelalterlichen Florilegien noch Epitomen.

In der Frührenaissance setzt das Interesse der Humanisten an Ausonius spätestens zu Beginn des 14. Jahrhundert ein (Benzo von Alexandria, vor 1310; Petrarca, 1304 – 1374); Petrarcas Freund Boccaccio (1313 – 1375) und Coluccio Salutati (1331 – 1406) besitzen Ausonius-Handschriften. Die Werkliste Giovanni Mansionarios legt ein beredtes Zeugnis seiner Bekanntschaft mit Ausonius ab. Als einer der ersten Humanisten arbeitet Politianus (1454 – 1494) am Text des Ausonius. 1472 erscheint in Venedig die *editio princeps* (*cura Bartolomei Girardini*). Spuren des Dichters finden sich außer bei Petrarca und Boccaccio bei den Italienern Pontano, Mantuano, Navager, Vida, Molza und Flaminio.

Erasmus von Rotterdam (1465 / 1466 – 1536) zitiert ihn häufig in seiner Sprichwörter-Sammlung *Adagiorum chiliades* (›Tausende von Sprichwörtern‹). Dem Humanisten Eobanus Hessus (1488 – 1540) ist er bekannt; im 16. Jahrhundert ahmt ihn Micyllus in seinen *Caesares* nach und stellt ihn Konrad Gesner in seiner *Enzyklopaedia* unter Bezug auf Iohannes Trithemius und Petrus Crinitus ausführlich dar. Zu nennen sind weiter Conrad Celtis (1459–1508) und sein Kreis sowie Martin Opitz (1597 – 1639). Vor allem die Epigramm-Begeisterung der Renaissance dürfte Ausonius den Weg gebahnt haben: Im 15. Jahrhundert gab es vier, im 16. Jahrhundert bereits 40 Gesamtausgaben des Dichters. Iulius Caesar Scaliger (1484 – 1558) verurteilt zwar in der *Poetik* (1561) seine Epigramme, lobt aber in hohen Tönen die *Mosella*.

In Frankreich zitieren ihn in ihren Werken Rabelais (um 1499 – 1553), Hugo Salel und Nicola Bourbon; der vom gleichnamigen, bei Bordeaux liegenden Schloß stammende Montaigne (1533 – 1592) liest den vor allem als Epigrammatiker geltenden Landsmann, eben ›weil er von Bordeaux kam‹. Vertrautheit mit ihm läßt sich bei dem französischen Humanisten Jean Dorat (Auratus, 1501 / 1502 – 1588) sowie Dichtern der Pléïade (um 1550) nachweisen (Pierre de Ronsard [1525 – 1585], Joachim Du Bellay [1522 – 1560], Antoine de Baïf [1522 – 1589]); Claude Mignault (Claudius Minos) benutzt ihn als Schulbuch.

Der spanische Schriftsteller Huesca Baltasar Gracián (1601 – 1658), ein Hauptvertreter des u.a. in Wortspielen schwelgenden Konzeptismus (Conceptismo), findet verständlicherweise besonderes Gefallen an der Brillanz des Ausonius; er nennt ihn in seinem idealen Kanon der Meister. – In Schottland inspiriert er u.a. John Johnston und Arthur Johnstone zu Werken über die Könige Schottlands und schottische Städte. – Im England des 16. Jh. weisen ihn Zitate und Übersetzungen wieder vorwiegend als Epigrammatiker aus: John Leland (ca. 1506–1552) 1545; Sir Thomas Wyatt (1503–1542); T. Kendall, 1577; Francis Meres (1565–1647), 1598; so noch im 17. Jh. (John Owen [um 1563–1622]; Benjamin Jonson [1573–1637], der bedeutendste Dramatiker neben Shakespeare), in dem aber auch andere Werke zum Vorbild dienen: die *Parentalia* für George Herbert (1593–1633); *De rosis nascentibus* für Robert Herrick (1591–1674): »Gather ye Rose-buds while ye may« (»To the virgins, to make much of Time«). Besonders zu erwähnen ist hier Henry Vaughan (1622–1695), der sich nach dem von Tacitus (*Agricola* 11,2; *Annalen* 12,32,2) erwähnten Stamm der britannischen *Silures* ›the Silurist‹ (lat. *Siluris*) nannte: Er schilderte in einer Biographie (1654) das Leben des Paulinus mit Zitaten aus dessen Korrespondenz auch mit Ausonius (Auson. epist. 24; 27; 29; Paulin. carm. 10; 11) in eigener Übersetzung in paarweisen Reimen, läßt sich allerdings die ergreifendste Stelle (Paulin. carm. 11,49–69) entgehen.[10] Schon vorher (1651) hatte er als *olor Iscanus* (›iskanischer Schwan‹, d.h. ›Schwan vom Usk‹) den *Cupido cruciatur* übersetzt und die *Mosella* unter namentlicher Erwähnung auch des Flusses zwischen *Tyber* (Tiber) und *Thames* als Muster für sein Gedicht (86 Verse) über den Fluß *Iscanus* (Usk, in Wales) verwendet, V. 5–8[11]:

> Soft *Petrarch* (thaw'd by *Laura*'s flames) did weep
> On *Tybers* banks, when she (*proud fair!*) cou'd sleep;
> *Mosella* boasts *Ausonius*, and the *Thames*
> Doth murmure *SIDNEYS Stella* to her *streams*

Auch für andere Fluß-Gedichte steht die *Mosella* Pate, z.B. für die Themse in *Cooper's Hill* (1642) von Sir John Denham (1615 - 1669); für den Fischfang in *Rural Sports* von John Gay (1685 - 1732); besonders die Abenddämmerung über der Mosel bei der Beschreibung des Flusses Loddon in *Windsor Forest* (1713) von Alexander

---

10 Primitive Holiness, Set forth in the Life of blessed Paulinus, The most Reverend, and Learned Bishop of *Nola*: Collected out of his own Works, and other Primitive Authors by *Henry Vaughan*, Silurist, London, 1654, in: The Works of Henry Vaughan, S. 337–385.

11 *Olor Iscanus*. A Collection of Some Select Poems and Translations, Formerly written by *Mr.* Henry Vaughan *Silurist*. Published by a Friend, London 1651, in: The Works of Henry Vaughan, S. 32–94 (S. 72–76 Ausonii *Cupido, Edyl*. 6; S. 39–41 To the River *Isca*).

Pope (1688 – 1744), dem Hauptvertreter des Klassizismus in England, V. 211–216 (siehe Evelyn White I S. 238f., Anm. 1):

> Oft in her glass the musing shepherd spies
> the headlong mountains and the downward skies,
> The wat'ry landscape of the pendent woods,
> And absent trees that tremble in the floods;
> In the clear, azure gleam the flocks are seen,
> And floating forests paint the waves with green.

Im übrigen sind Popes Hauptvorlage für die Naturbeschreibungen dieses Gedichtes die auch Ausonius wohlbekannten *Georgica* Vergils. – Gleichfalls für Samuel Richardson (1689 – 1761), Verfasser von Briefromanen, ist Ausonius kein Unbekannter.

In Deutschland bezieht sich Lessing (1729 – 1781) als Epigrammatiker außer auf Martial und die *Griechische Anthologie* auch auf Ausonius (*Sinngedichte*, Vorrede). Goethe (1749 – 1832) überträgt 1812 *Das 10. Epigramm* [Nr. 3 Peiper] *des Ausonius* (*Gedichte aus dem Nachlass, Übersetzungen und Nachbildungen*) und bittet seinen ›alten weimarischen Urfreund‹ (*Inschriften, Denk- und Sendeblätter* 53, *Aufklärende Bemerkungen*), den Übersetzer Karl Ludwig von Knebel (1744 – 1834), um eine Übertragung. Herder (1744 – 1803) nimmt verwundert die Nachwirkung des Ausonius zur Kenntnis.

Felix Dahn (1834 – 1912) bringt in seiner dem Trivialgenus Professorenroman angehörenden *Bissula* wohl ein treffendes Charakterporträt von Ausonius' auf die schiefe Bahn geratenen Neffen Herculanus (vgl. *Parentalia* 17,6f.; *Commemoratio professorum Burdigalensium* 11) sowie vor allem seines Onkels (I 9, S. 34):

> »[…] Denn Ausonius war Professor gewesen, Rhetor, Prinzenerzieher und – ›Dichter‹! Das bedeutete aber in jenen Tagen einen unglaublich viel lesenden Mann, der, in Ermangelung eigener erheblicher Gedanken, mit Bienenfleiß die Gedanken der Schriftsteller von vier Jahrhunderten excerpierte, auseinanderriß, und in so künstlich kleinen Splitterchen

wieder wie bei einem Geduldspiel zusammensetzte, daß seine Leser –
und er selbst! – sie für neu, für seine eigenen hielten und die peinliche
Mosaikarbeit nur schwer in ihre überall her entliehenen Bestandteile
hätten auflösen können. [...]«

Die fiktive Handlung dieses »Allen braven Schwäbinnen« gewidmeten Professoren-(Un-)Romans ist allerdings gemäß der dem Zeitgeschmack huldigenden Germanen-Ideologie des ausgehenden 19. Jahrhunderts und gemäß den Gesetzen des Genres Trivialliteratur historisch verfälscht: Der im Jahre 378, dem Jahr der römischen Niederlage gegen die Goten bei Adrianopel und des Todes des Valens, auf 52 Jahre ›verjüngte‹ Ausonius (I 9, S. 33) wirbt um die siebzehnjährige (I 6, S. 23) Gefangene Bissula, die aber seinen Heiratsantrag zugunsten des germanischen ›Edelings‹ Adalo ablehnt; ihr früheres »barbarisches Latein« (I 11, S. 43) hatte sie verbessert, indem sie, als sie als ca. Zwölfjährige vom Nordufer des Bodensees aus im Zuge des ›kleinen Grenzverkehrs‹ per Boot Fische ins römische Lager am Südufer des Sees brachte und dort verkaufte (I 11, S. 43), Ausonius beim Rezitieren »aus vielen, vielen Eselshäuten« (II 2, S. 70) zuhörte, auch selbst in den »langen Runenrollen« (II 3, S. 74) las, die Ausonius ihr gegeben hatte. – Und da kaum eine Literaturgeschichte die *Bissula* ausläßt und typologische Parallelen immer auch genetische sein können, darf die Kenntnis dieses ›priapeïschen‹ Zyklus von Liebesliedern trotz des literarischen Wandermotivs der Konstellation ›älterer (Sprach-)Lehrer / junge Geliebte‹ in wirklicher Literatur vorausgesetzt werden, z.B. bei Bernard Shaw (1856 – 1950) in seiner Komödie *Pygmalion* (1912) einschließlich Loewes / Lerners Musical *My Fair Lady* (1956) oder bei Vladimir Nabokov (1899 – 1957) in seinem Roman *Lolita* (englisch 1955; russisch 1967).[12]

---

12 Siehe Dräger, Bissula – Eliza – Lolita. Priap als Sprachlehrer. In: Kurtrierisches Jahrbuch 41 (2001), S. 73–107, und in: Göttinger Forum für Altertumswissenschaft 4 (2001), S. 187–219 (http://www.gfa.d-r.de/4-01/draeger.pdf).

Ausonius' bekanntestes und am meisten kommentiertes Werk blieb jedoch das ›mosellanische Nationalepos‹, die *Mosella*, so daß ihr Dichter recht behielt (Mos. 476): *ibis in ora hominum laetoque fovebere cantu* (›du wirst in den Mund der Menschen gelangen und in frohem Gesang gehegt werden‹). Im 20. Jahrhundert konnte man es sogar wörtlich nehmen: Im Auftrag der Stadt Trier schrieb der Franzose Claude Lefebvre (geb. 1931) eine Komposition ›Mosella‹, für Orgel, zwei Trompeten und drei Sprecher, uraufgeführt 1984 zur 2000-Jahr-Feier Triers in der Trierer Konstantin-Basilika (Evangelische ›Kirche zum Erlöser‹); dem Stück ist dieselbe hymnische Grußapostrophe unterlegt, die auch im Treppenaufgang des im 18. Jh. erbauten Rathauses von Metz (*Divodurum Mediomatricorum*) zu lesen ist (Mos. 381–385)[13]:

Salve, magne parens frugumque virumque, Mosella!
te clari proceres, te bello exercita pubes,
aemula te Latiae decorat facundia linguae.
quin etiam mores et laetum fronte severa
ingenium natura tuis concessit alumnis,

Gruß dir, der Ackerfrüchte großem Vater
    wie der Männer, o Mosella!
Es zieren dich berühmte Edle, dich im Krieg
    geübte Jungmannschaft,
dich auch die Kunst der Rede, die sich mißt
    sogar mit Zungen Latiums.
Ja, auch Gesittung und bei strenger Stirn
    den fröhlich-heiteren
Charakter hat als Vorzug die Natur gewährt
    den Deinen, die du auferzogst.

---

13 Ich zitiere aus meiner Übersetzung in Blankversen (Dräger, Mosella, S. 54f.) und benutze die Gelegenheit, ein Erratum (V. 385 *suis* statt *tuis*) in meinem lateinischen Arbeitstext, der auch zu einer fehlerhaften Übertragung des Verses geführt hat, zu korrigieren.

5 Zu Text, Übersetzung und Kommentar

Als Text habe ich die bewährte ›alte‹ Teubneriana Peipers (1886 / ND 1976) zugrunde gelegt, da sie im Gegensatz zu Green (1991, 1999) ohne das gewaltsame Mittel einer Versumstellung auskommt. Abweichungen, die in der Regel die Überlieferung gegenüber Konjekturen bevorzugen, sind gesondert aufgeführt.

Die Übersetzung, das Kernstück der vorliegenden Ausgabe, erfolgt auf Wunsch der wissenschaftlichen Berater und des Verlages in Prosa (eine Übertragung der *Mosella* in Blankversen sowie der *Bissula* in den Original-Versmaßen habe ich an anderen Stellen vorgelegt: s. Dräger, Mosella bzw. Bissula – Eliza – Lolita).

Die Vorzüge und Nachteile einer in Prosa abgefaßten Übertragung griechischer oder lateinischer poetischer Texte sind oft ausführlich diskutiert worden (siehe zuletzt Dräger, Mosella S. 143–151) und daher hinlänglich bekannt. Nur auf zwei Punkte sei hingewiesen, die dem gemeinsamen Ziel einer ›Rettung‹ von etwas Poesie dienen, soweit die Gesetze der deutschen Syntax und Wortstellung es zulassen: Die Übersetzung erfolgt unter möglichst zeilentreuer Berücksichtigung der originalen Vorlage. – Stilfiguren, etymologische Wortspiele, (im Deutschen eigentlich) verpönte Wiederholung desselben Wortes oder Stammes etc. sind möglichst nachgebildet; eine zunächst ungewöhnlich klingende Wendung oder vom ›Normalen‹ abweichende Wortstellung sind beabsichtigt und sollten daher stets zu einem Blick auf die linke Seite anregen. – Da es sich um lateinische Texte handelt, wurde bei Eigennamen, auch der griechischen Mythologie, Geographie und Geschichte, grundsätzlich die lateinische Schreibweise gewählt.

Die Erläuterungen sind anders als üblich gestaltet. Da für die *Mosella* genügend Kommentare (vor allem Hosius und, auf ihm fußend, Green) bzw. Spezialuntersuchungen (z. B. Wamser; Posani; Green, Ausonius' Use) mit der Aufzählung von Parallelstellen etc. heute verfügbar sind, liegt das Schwergewicht – neben der naturwissenschaftlichen (fischbiologischen) Thematik – auf

der Erklärung der neuentdeckten hebdomadischen Struktur des Werkes.
Die wohlwollende Aufnahme des Bandes durch die Tagespresse (Süddeutsche Zeitung vom 1. 7. 2003, S. 14, Eske Bockelmann) und Fachzeitschriften[14] hat den Verlag bewogen, die *Mosella* als Studienausgabe herauszugeben. Inzwischen neu erschienenes Schrifttum wurde durchgesehen, ins Literaturverzeichnis eingefügt und, sofern plausibel, in die Erläuterungen sowie in die Einführung eingearbeitet; dasselbe gilt für zahlreiche mündliche und schriftliche Hinweise seitens Laien und Fachkollegen. Ebenso wurden Druckfehler verbessert und Unebenheiten stillschweigend ausgeglichen. Auch weiterhin nehme ich Hinweise auf Errata und Verbesserungsvorschläge jederzeit gerne entgegen (Adressen s. http://www.pauldraeger.de.vu; E-Mail: paul.draeger@uni-trier.de).

Trier a. d. Mosel, 27. Juli 2004   P. D.

---

14 An Rezensionen sind mir bisher bekannt geworden: Bryn Mawr Classical Review 2003.03.19 (Jennifer Ebbeler); Classical Review 53 (2003), S. 489f. (Roger Green); Göttinger Forum für Altertumswissenschaft 6 (2003), S. 1145–1149 = http://www. gfa.d-r.de/6-03/schindel.pdf (Ulrich Schindel); Hémecht (Luxembourg) 55 (2003), S. 229 (Paul Margue); Kurtrierisches Jahrbuch (Trier) 43 (2003), S. 290-294 (Ulrich Lambert); Landeskundliche Vierteljahresblätter (Trier) 50 (2004), S. 36 (Hans-Otto Kröner); Trierer Zeitschrift (Trier) 65 (2002, im Druck), S. 00-00 (Frank Unruh).

LITERATURHINWEISE

Letzte bibliographische Forschungsübersichten: Liebermann/Schmidt (1989), Ezquerra (1960–1989, 99 Nummern) und Ternes Ausone (1499–1983, 764 Nummern), s. unten.

1. Eingesehene Textausgaben, Übersetzungen und Kommentare

Ausonius, Direction: Decimus Magnus Ausonius. Mosella. Hg. von der Direction de l'Education Publique G.M.Z.O.F. [Gouvernement Militaire de la Zone d'Occupation Française], Offenburg/Baden [o.J., nach 1945] (Klassiker der Weltliteratur).

Besser: Das Mosellied Ausons nebst den Gedichten an Bissula. Deutsch von M. W. Besser (A. Müller-Waegener), Marburg ²1936.

Blakeney: Ausonius. The Mosella. Translated into English verse by E. H. Blakeney, who has added an Introductory Note and a Commentary upon the Text, London 1933.

Böcking: Moselgedichte des Decimus Magnus Ausonius und des Venantius Honorius Clementianus Fortunatus. Lateinisch und deutsch mit kritischen und erklärenden Anmerkungen von Eduard Böcking, Berlin 1828, Neubearbeitungen Bonn 1842 und 1845.

Bruch: Dem Decimus Magnus Ausonius seng Rees op d'Musel op lëtzebuergesch erzielt vum Robert Bruch. In: Mosella. Eis Musel zur Rëmerzeit, Schwebsingen 1959, S. 11–71.

Consoli: Ausonio, Mosella. Introduzione, testo, traduzione e commento a cura di Maria Elvira Consoli, Congedo 1998.

Corpet Moselle: Ausone: La Moselle. Text et Traduction. Traduction par E.-F. Corpet. Reproduction de l'Édition Firmin Didot 1887, Paris 1972 (Collection des Universités de France).

Corpet Oeuvres: Oeuvres complètes d'Ausone. Traduction nouvelle par E.-F. Corpet, 2 Bde., Paris 1842/1843.

Dräger Mosella: Ausonius Mosella. Lateinisch/Deutsch. Herausgegeben, in Blankverse übersetzt, erläutert und mit einer Einführung versehen von Paul Dräger, Trier 2001.

Evelyn White: Ausonius. With an English Translation by Hugh G. Evelyn White. In two volumes, London / Cambridge (Mass.) 1919/1921, ND 1968 (The Loeb Classical Library).
Green 1991: The Works of Ausonius. Edited with Introduction and Commentary by R. P. H. Green, Oxford 1991, ND 1999.
Green 1999: Decimi Magni Ausonii opera. Recognovit brevique annotatione critica instruxit R. P. H. Green, Oxford 1999 (Oxford Classical Texts).
Greve: D. Magnus Ausonius. Mosella und einige kleinere Gedichte. Erläutert von Rudolf Greve, Paderborn 1952 (Schöninghs Lateinische Lesehefte 23).
Grünewald: Decimus Magnus Ausonius. Mosella und Bissula-Gedichte. Herausgegeben von C. Grünewald, Bielefeld und Leipzig (Velhagen & Klasing) 1934 (Lateinische und Griechische Lesehefte 27).
Hessel: Die ältesten Mosellieder. Die Mosella des Ausonius und die Moselgedichte des Fortunatus. Deutsch in den Versmaßen der Urschrift von Karl Hessel, 2. durchgesehene Auflage Bonn 1894, ND Bonn [o.J.].
Hosius: Die Moselgedichte des Decimus Magnus Ausonius und des Venantius Fortunatus. Herausgegeben und erklärt von Carl Hosius, Marburg ³1926, ND Hildesheim 1967.
Jasinski: Ausone. Œuvres en vers et en prose. Traduction nouvelle de Max Jasinski, 2 Bde., Paris [1935] (Classiques Garnier).
John Mosella: Ausonius Mosella. Mit einer Einführung in die Zeit und die Welt des Dichters. Übersetzt und erklärt von Walther John. Gekürzter Nachdruck der ersten Auflage 1932. Überarbeitet von Wolfgang Binsfeld, Trier ²1980.
Lassaulx: Des Decius [sic] Magnus Ausonius Gedicht von der Mosel. In metrischer Uebersetzung, mit erläuternden Anmerkungen von F[ranz von] Lassaulx. Nebst dem lateinischen Grundtexte. Koblenz: bei Bürger Lassaulx, Jahr *Zehn* der Republik [1801/02], ND Trier 1979.
Lateur: Ausonius, De Moezel, vertaalt door Patrick Lateur, Amsterdam 2000.
Marsili: Ausonio. La Mosella. Edizione critica con traduzione e note italiane di Aldo Marsili, Turin 1957 (Biblioteca Loescheriana).
Ostern: Decimus Magnus Ausonius Mosella, Bissula-Gedichte, Pater ad filium. Venantius Fortunatus De coco, qui ipsi navem tulit und De navigio suo. Herausgegeben von H. Ostern, Leipzig/Berlin 1926 (Eclogae Graecolatinae, Fasc. 16).
Pastorino: Opere di Decimo Magno Ausonio. A cura di Agostino Pastorino, Turin 1971 (Classici Latini).
Peiper: Decimi Magni Ausonii Burdigalensis opuscula. Recensuit Rudolfus Peiper, Leipzig 1886, ND Darmstadt 1976.
Prete: Decimi Magni Ausonii Burdigalensis opuscula. Ed. Sextus [Sesto] Prete,

Leipzig 1978 (Bibliotheca scriptorum Graecorum et Romanorum Teubneriana). [Doch s. dazu M.D. Reeve in: Gnomon 52 (1980), S. 444–451.]
Schenkl: D. Magni Ausonii opuscula. Recensuit Carolus [Karl] Schenkl, Berlin 1883, ND Berlin 1961 (Monumenta Germaniae Historica. Auctorum antiquissimorum tomi V pars posterior).
Schönberger: D. Magnus Ausonius. Mosella. Mit Texten von Symmachus und Venantius Fortunatus. Lateinisch/Deutsch. Herausgegeben, übersetzt und kommentiert von Otto Schönberger, Stuttgart 2000 (Reclam Universalbibliothek 18027).
Ternes, Mosella: D. Magnus Ausonius. *Mosella*. Ausone. *La Moselle*. Édition, introduction et commentaire de Charles-Marie Ternes, Paris 1972 (Érasme. Collection de Textes Latins Commentés 28).
Tross: Des D. M. Ausonius Mosella, mit verbessertem Text, metrischer Uebersetzung, erklärenden Anmerkungen, einem kritischen Commentar und historisch-geographischen Abhandlungen von Ludwig Tross. Zweite, mit dem Moselgedichte des Venantius Fortunatus und andern Zusätzen vermehrte Ausgabe, Hamm 1824.
Weis: Ausonius. Mosella. Herausgegeben und in metrischer Übersetzung vorgelegt von Bertold K. Weis, Darmstadt 1989; 3., unveränd. Auflage Stuttgart 1997. [Voller sachlicher Fehler; siehe dazu Paul Dräger, in: Landeskundliche Vierteljahresblätter (Trier) 50 (2004), S. 34f.].

2. Allgemeine Darstellungen

Albrecht Ausonius: Albrecht, Michael von: Ausonius. In: Geschichte der römischen Literatur von Andronicus bis Boethius, Bern/München 1992, S. 1047–1054.
Ausonius WdF: Ausonius. Herausgegeben von Manfred Joachim Lossau, Darmstadt 1991 (Wege der Forschung 652). [Von Errata, Druckfehlern etc. übersät.]
Coşkun, gens Ausoniana: Coşkun, Altay: Die *gens Ausoniana* an der Macht. Untersuchungen zu Decimius [sic] Magnus Ausonius und seiner Familie, Oxford 2002 (Prosopographica et Genealogica 8).
Ezquerra, Antonio Alvar: Überblick über die neuesten Untersuchungen zu Ausonius. In: Ausonius WdF, S. 446–462.
Favez, Charles: Une famille gallo-romaine au IVe siècle. In: Museum Helveticum 3 (1946), S. 118–131. Dt. Eine gallo-romanische Familie des 4. Jahrhunderts. In: Ausonius WdF, S. 11–33.
Fuhrmann Ausonius: Fuhrmann, Manfred: Ausonius (Nr. 2). In: Der Kleine Pauly, Bd. 1, München 1975, Sp. 774–776.

- Spätantike: Fuhrmann, Manfred: Rom in der Spätantike: Porträt einer Epoche, München/Zürich 1994, S. 101-106.
Gärtner, Hans Armin: Ausonius. In: Kaiserzeit II. Von Tertullian bis Boethius, Stuttgart 1988, S. 198-229 (Die römische Literatur in Text und Darstellung 5).
Green Ausonius' Use: Green, R. P. H.: Ausonius' Use of the Classical Latin Poets: Some new Examples and Observations. In: Classical Quarterly 27 (1977), S. 441-452.
Heinen Trier: Heinen, Heinz: Trier und das Trevererland in römischer Zeit, Trier 1985, ND 1986 (2000 [Zweitausend] Jahre Trier 1).
Kröner, Hans-Otto: Ausonius und Trier. In: Trierer Beiträge, Juni 1979, S. 10-18.
- Ausonius: Kröner, Hans-Otto: Ausonius. In: Metzler Lexikon antiker Autoren, Stuttgart/Weimar 1997, S. 131-132.
Liebermann, Wolf-Lüder: Ausonius, Decimus Magnus. In: Der Neue Pauly, Bd. II, Stuttgart/Weimar 1997, Sp. 333-335.
- / Schmidt, Peter Lebrecht: D. Magnus Ausonius. In: Restauration und Erneuerung. Die lateinische Literatur von 284 bis 374 n. Chr. Herausgegeben von Reinhart Herzog, München 1989 (Handbuch der lateinischen Literatur der Antike, Band 5), S. 268-308 (Ausonius).
Manitius: Manitius, M. [Max]: Geschichte der christlich-lateinischen Poesie bis zur Mitte des 8. Jahrhunderts, Stuttgart 1891.
- Geschichte der lateinischen Literatur des Mittelalters. Erster Teil: Von Justinian bis zur Mitte des zehnten Jahrhunderts, München 1911 (Handbuch der Klassischen Altertums-Wissenschaft IX 2,1).
Marx Ausonius: Marx, Friedrich: Ausonius (Nr. 3). In: Paulys Realencyclopädie der classischen Altertumswissenschaft, Bd. II 2, Stuttgart 1896, ND Stuttgart 1970, Sp. 2562-2580.
Schmidt, Peter Lebrecht: s. unter Liebermann.
Sivan Ausonius: Sivan, Hagith: Ausonius of Bordeaux: Genesis of a Gallic aristocracy, London/New York 1993.
Ternes Ausone: Ternes, Charles Marie: Ausone. Bibliographie objective et subjective, Bulletin des Antiquités Luxembourgoises 14 (1983/1984), S. 3-126.
Wightman, Edith Mary: Roman Trier and the Treveri, London 1970.

3. Herangezogene Forschungsliteratur

Coşkun, Ein ... Beamter: Coşkun, Altay: Ein geheimnisvoller gallischer Beamter in Rom, ein Sommerfeldzug Valentinians und weitere Probleme in Ausonius' *Mosella*. In: Revue des Études Anciennes 104 (2002), S. 401-431.
Deubner, Ludwig: Zum Moselgedicht des Ausonius. In: Philologus 43 (1934),

S. 253–258. Wiederabgedruckt in: Ludwig Deubner, Kleine Schriften zur klassischen Altertumskunde. Herausgegeben von Otfried Deubner, Königstein / Taunus 1982 (Beiträge zur Klassischen Philologie 140), S. 462–467.

Dräger Alisontia: Dräger, Paul: Alisontia: Eltz oder Alzette? Der Nebenflußkatalog und ein unentdecktes Strukturprinzip in Ausonius' *Mosella*. In: Gymnasium 104 (1997), S. 435–461. Erweitert in: Kurtrierisches Jahrbuch 37 (1997), S. 11–38. [S. auch die Besprechung durch Jan Rüdiger in der Frankfurter Allgemeinen Zeitung vom 5. 11. 1997, Seite N 5.]

- Pythagoreische Zahlenspekulationen in Ausonius' *Mosella*. In: Kurtrierisches Jahrbuch 38 (1998), S. 11–16. Wiederabgdruckt (›Pythagoras in der *Mosella* des Ausonius‹) in: Gymnasium 107 (2000), S. 223–228.
- Vom Wein zum Fisch: Dräger, Paul: Vom Wein zum Fisch: *aemulatio* als literarisches Stilprinzip in Ausonius' *Mosella*. In: Trierer Zeitschrift 75 (2000), S. 313–335.

Drinkwater, J. F.: Re-Dating Ausonius' War-Poetry. In: American Journal of Philology 120 (1999), S. 443–452.

Fuchs, Harald: Textgestaltungen in der ›Mosella‹ des Ausonius. In: Museum Helveticum 32 (1975), S. 173–182.

Görler, Woldemar: Vergilzitate in Ausonius' Mosella. In: Hermes 97 (1969), S. 94–114. Wiederabgedruckt [mit »Nachtrag 1990«] in: Ausonius WdF, S. 146–175.

Goethert: Goethert, Klaus-Peter: Contionacum. Kaiserlicher Landsitz oder vorübergehender Aufenthalt Valentinians. In: Trierer Zeitschrift 62 (1999), S. 219–221.

Green Redating: Green, Roger P. H.: On a Recent Redating of Ausonius' *Moselle*. In: Historia 46 (1997), S. 214–226.

Herzhoff, Bernhard: Der Walfisch der Mosel: Wels oder Stör? Beobachtungen zum Fischkatalog in der »Mosella« des Ausonius. In: Jahresbericht des Friedrich-Wilhelm-Gymnasiums Trier 1983/1984, Trier 1985, S. 199–207.

Hosius, Carl: Die literarische Stellung von Ausons Mosellied. In: Philologus 81 (1925), S. 192–201.

Hunink: Hunink, Vincent: The Fish Catalogue in Ausonius' Mosella. Literary Backgrounds of Mos. 75–149. In: A. P. Orban, M. G. M. van den Poel (Hgg.): Ad litteras. Latin studies in honour of J. H. Brouwers, Nijmegen 2001, S. 163–176. Auch in: http://www.let.kun.nl/V.Hunink/documents/ausonius_fish.htm

Jens, Günter: Verbesserung der ökologischen Situation der Mosel und ihrer Zuflüsse durch wasserbauliche und andere Maßnahmen unter besonderer Berücksichtigung des Fischwechsels. (Unveröffentlichtes Typoscript, Bezirksregierung Trier), Trier 1998.

John Gliederung: John, Walther: Zur Gliederung der Mosella des Ausonius. In: Hermes 78 (1943), S. 97–105.

Kinzelbach, Stör oder Wels?: Kinzelbach, Ragnar: Stör oder Wels? Zum Fischkatalog in der »Mosella« des Ausonius. In: Mainzer Naturwissenschaftliches Archiv 23 (1985), S. 223–230.

Kinzelbach, Stör: Kinzelbach, Ragnar: Das ehemalige Vorkommen des Störs, *Acipenser sturio* (Linnaeus, 1758), im Einzugsgebiet des Rheins (Chondrostei: Acipenseridae). In: Zeitschrift für angewandte Zoologie, 74 (1987), S. 167–200.

Korzeniewski, Dietmar: Aufbau und Struktur der Mosella des Ausonius. In: Rheinisches Museum 106 (1963), S. 80–95.

Kroll, Lothar: Die Salm als Fischwasser. In: E. Gerten, M. Morsbach: Die Salm, Trier 1998, S. 17–26.

Marx Mosel: Marx, Friedrich: Ausonius' Lied von der Mosel. In: Rheinisches Museum 80 (1931), S. 368–392.

Newlands, Carole: *Naturae mirabor opus*: Ausonius' Challenge to Statius in the *Mosella*. In: Transactions of the American Philological Association 118 (1988), S. 403–419.

Neyses: Neyses, Adolf: Die spätrömische Kaiservilla zu Konz. Trier (Rheinisches Landesmuseum Trier) 1987.

Posani, Maria Rosa: Reminiscenze di poeti Latini nella »Mosella« di Ausonio. In: Studi Italiani di Filologia Classica 34 (1962), S. 31–69.

Roberts, Michael: The ›Mosella‹ of Ausonius: An interpretation. In: Transactions of the American Philological Association 114 (1984), S. 343–353. Wiederabgedruckt in: Ausonius WdF, S. 250–264.

Schäfer, M. [Michael]: Moselfauna oder Handbuch der Zoologie, enthaltend die Aufzählung und Beschreibung der im Regierungsbezirk Trier beobachteten Thiere, mit Berücksichtigung der Angrenzung des Moseldepartments und Belgiens. Erster Theil. Wirbelthiere: Säugethiere, Vögel, Reptilien und Fische, Trier 1844.

Schröder, Stephan: Das Lob des Flusses als strukturierendes Moment im Moselgedicht des Ausonius. In: Rheinisches Museum 141 (1998), S. 45–91.

Shanzer Date: Shanzer, Danuta: The Date and Literary Context of Ausonius's *Mosella*. Valentinian I's Alamannic Campaigns and an Unnamed Office-Holder. In: Historia 47 (1998), S. 204–233.

– Symmachus: The Date and Literary Context of Ausonius' *Mosella*: Ausonius, Symmachus, and the *Mosella*. In: Style and Tradition: Studies in Honor of Wendell Clausen, herausgegeben von Peter Knox und C. Foss, Stuttgart 1998, S. 284–305.

Sivan Redating: Sivan, Hagith S.: Redating Ausonius' *Moselle*. In: American Journal of Philology 111 (1990), S. 383–394.

Smolian, Kurt: Merkbuch der Binnenfischerei. Herausgegeben von der Fischereiförderung G.m.b.H. Berlin, Berlin 1920.
Ternes Landschaft: Ternes, Charles Marie: Paysage réel et coulisse idyllique dans la ›Mosella‹ d'Ausone. In: Revue des Études Latines 48 (1970), S. 376–397. Dt. u.d.T.: Landschaft und Idylle in der ›Mosella‹ des Ausonius [mit »Nachtrag 1989«]. In: Ausonius WdF S. 176–200.
Thompson, D'Arcy W.: A Glossary of Greek Fishes, London 1947.
Tränkle, Hermann: Zur Textkritik und Erklärung von Ausonius' Mosella. In: Museum Helveticum 31 (1974), S. 155–168. Wiederabgedruckt [mit »Nachtrag 1990«] in: Ausonius WdF, S. 229–249.
Wamser, Karl: Ausonius und seine Vorbilder zur Mosella, den Epigrammen und der Ephemeris samt dem Liber Eclogarum, nebst besonderer Berücksichtigung des Dichters Catullus, Innsbruck 1951.